PRÉCIS

DE

GRAMMAIRE

FRANÇAISE.

OUVRAGES
Du même Auteur.

MÉMOIRE SUR L'ENSEIGNEMENT MUTUEL, couronné, en 1837 , par la Société pour l'instruction élémentaire.

ESSAI SUR LES MOYENS D'AMÉLIORER ET DE GÉNÉRALISER L'ÉDUCATION DES JEUNES FILLES, ouvrage couronné par la Société pour l'instruction élémentaire. Paris, Hachette , 1838.

PRÉCIS D'ARITHMÉTIQUE, à l'usage des écoles communales, par Charpentier et Homo. Seconde édition. Rheims , Regnier , 1840.

QUELQUES OBSERVATIONS SUR L'ANNUAIRE DES ECOLES MUNICIPALES DE METZ POUR 1841.

RHEIMS , IMPRIMERIE DE E. LUTON , PLACE ROYALE , 1.

PRÉCIS

DE
GRAMMAIRE FRANÇAISE,

A L'USAGE DES

ÉCOLES COMMUNALES,

Par L. Charpentier,

INSTITUTEUR PRIMAIRE SUPÉRIEUR.

Seconde édition, revue et augmentée,

D'APRÈS LE DICTIONNAIRE DE L'ACADÉMIE.

PARIS,
CHEZ L. HACHETTE,
LIBRAIRE DE L'UNIVERSITÉ ROYALE DE FRANCE,
RUE PIERRE-SARRAZIN, 12.

—

1841.

AVANT-PROPOS.

Il faut à l'Instituteur, disions-nous en présentant notre première édition, des traités clairs, concis, complets, qui lui donnent le moyen de faire de fréquentes récapitulations, et de maintenir constamment un certain nombre d'élèves au même niveau.

C'était dans l'espoir d'atteindre ce but que nous avions conçu et exécuté le plan d'une grammaire qui, en réunissant les principes sous une forme compacte, les présentait néanmoins à l'élève avec clarté et par gradation.

Quelques succès obtenus dans l'enseignement, l'accession donnée à nos vues par quelques confrères, la nécessité de corriger et de compléter un premier travail, nous déterminent à donner une seconde édition de ce traité. La publication du nouveau dictionnaire de l'Académie, et les modifications qu'elle apporte aux règles du langage, nous en faisaient d'ailleurs un devoir.

Ce Précis se divise en quatre parties :

1° La connaissance des Parties du discours ;

2° L'Analyse ;

3° L'Orthographe des mots ;

4° La Syntaxe, qui est l'Orthographe des phrases.

Tous les éléments du discours se trouvent ainsi considérés successivement sous les divers aspects de leur nature et de leurs relations.

Mais comme, si les rapports généraux doivent être presque simultanément présentés aux commençants, les cas exceptionnels, les considérations plus abstraites plus élevées doivent être réservées pour les élèves plus exercés ; nous avons adopté deux caractères qui distinguent, sans les séparer, les principes élémentaires des parties qui complètent la science du langage.

Pour que l'étude des principes puisse se faire avec plus de suite, et les récapitulations avec plus de facilité, nous avons réuni à la fin du livre tous les tableaux qui, d'ordinaire intercalés dans le texte, en rompent la liaison, et en rendent la conception plus laborieuse.

Pour le même motif, nous n'avons donné des exemples que lorsqu'ils nous ont semblé nécessaires à l'intelligence du texte.

Nous nous sommes attaché à éviter la confusion des termes, parce que, chez les enfants surtout, elle amène promptement la confusion des idées. L'essentiel est qu'un mot élémentaire n'ait pas d'autre signification que celle qui lui est reconnue par l'usage, et que les mots qui expriment des idées différentes, aient entre eux une différence de prononciation bien tranchée.

La méthode que nous indiquerons est fort simple. Exiger que les enfans connaissent bien les principes ; leur faire souvent lire ou copier les tableaux ; exercer fréquemment les élèves à l'analyse (1), en les accoutumant à faire eux-mêmes à chaque mot l'application des règles qu'ils ont apprises : telle est la marche qui nous a réussi. Elle est certainement la plus avantageuse pour les écoliers dont la mémoire est moins sûre et l'intelligence moins active.

---

(1) Il est bien entendu que cette analyse doit être proportionnée à leur avancement.

NOTIONS

PRÉLIMINAIRES.

—◦—

1. Les hommes communiquent leurs pensées par la parole et par l'écriture.

La GRAMMAIRE enseigne l'art de parler et d'écrire correctement. Cet art s'appelle *Orthographe* (1).

2. Le langage est composé de mots.

On appelle MOT un son ou plusieurs sons réunis exprimant une idée.

3. On nomme PHRASE plusieurs mots réunis, qui expriment une pensée et forment un sens complet.

4. Les mots écrits sont composés de lettres. Les lettres sont VOYELLES ou CONSONNES.

Les voyelles prononcées seules forment un son.

Les consonnes ne peuvent se prononcer qu'avec le secours des voyelles.

5. Il y a des voyelles et des consonnes for-

---

(1) L'étymologie du mot Orthographe donne *j'écris droit.* J'étends la signification de ce mot à la correction de la parole, car la pureté du langage écrit fait présumer la pureté du langage parlé.

mées de plusieurs lettres : on les nomme *composées*.

6. On appelle Syllabe une lettre ou plusieurs lettres, prononcées d'une seule émission de voix.

On nomme *Monosyllabes* les mots formés d'une seule syllabe ; *Dissyllabes*, *Trissyllabes*, ceux qui en ont deux, trois, etc.

7. On nomme Diphthongue deux syllabes réunies en une seule par la prononciation. Exemple : *Dieu* et non pas *Di-eu*.

PARTIES DU DISCOURS.

1. On divise les mots en neuf classes, dites Parties du Discours, selon les fonctions qu'ils y remplissent.

2. Les cinq premières classes renferment les mots variables ; les quatre dernières les mots invariables.

Classes.	*Fonctions.*
Le Substantif	Nomme un être ou un objet.
L'Adjectif	Qualifie le substantif ou détermine sa manière d'être.
Le Pronom	Remplace le nom ou substantif.
Le Verbe	Marque l'état ou l'action du substantif.
Le Participe	Vient du verbe et peut s'employer comme adjectif.
L'Adverbe	Modifie la signification des verbes et des adjectifs.

La Préposition Etablit le rapport des mots
                    entre eux.
La Conjonction Etablit le rapport des phrases
                    entre elles.
L'Interjection Exprime subitement une affec-
                    tion de l'âme.

DU SUBSTANTIF.

3. Le Substantif est le mot qui sert à nommer les personnes, les animaux et les choses.
On le reconnaît si on peut mettre avant, *le*, *la*,
ou *les*; *un*, *une*, ou *des*.

Les noms propres d'individus et de villes s'emploient ordinairement
sans déterminatif : *Bordeaux*, *Philippe* ; mais alors les mots : *la ville
de....*, *l'homme qui s'appelle....*, sont sous-entendus.

4. Le substantif est commun ou propre :
Commun, il convient à toutes les personnes ou
à toutes les choses d'une même espèce.
Propre, il s'applique à un seul être, pour le
distinguer de ceux qui sont de même espèce.

5. Le substantif est de nombre singulier ou
de nombre pluriel.
Le Singulier indique un...., ou une....
Le Pluriel indique plus d'un..., plus d'une...
Le nombre est la distinction de l'unité ou de
la pluralité.

6. Le substantif est de genre masculin ou de
genre féminin.
Masculin, il désigne un, ou plusieurs individus mâles.
Féminin, il désigne un, ou plusieurs individus femelles.
Le genre est la distinction des sexes.

7. Les noms de choses inanimées, et ceux

des substantifs abstraits (conçus par l'esprit seulement) sont aussi répartis dans les deux genres : l'âme, le courage, etc.

Il y a des noms de l'un et de l'autre genre qui désignent les animaux sans distinction de sexe : *Eléphant, rat, moineau; carpe, grenouille.*

DE L'ADJECTIF.

8. L'Adjectif qualifie le substantif, ou détermine sa manière d'être. On le reconnaît quand on peut y joindre les mots *personne* ou *chose.*

9. Il y a donc deux sortes d'adjectifs, *les adjectifs qualificatifs* et *les adjectifs déterminatifs.*

Les qualificatifs peuvent seuls être modifiés par des adverbes : *assez bon, aussi grand, très-méchant.*

10. Pour reconnaître quel est le substantif qualifié par un adjectif, on fait avec cet adjectif la question : *Qui est-ce qui est?* Ex. : *Ces hommes nous semblent fort heureux.* Question : *Qui est-ce qui est heureux?* Réponse : *Ce sont les hommes.*

11. Les adjectifs déterminatifs se placent avant le substantif pour en marquer le nombre et souvent le genre.

12. Il y a cinq espèces d'adjectifs déterminatifs. (Tous sont compris au tableau.)

1° ARTICLES, déterminent simplement le nombre et le genre des substantifs.

2° POSSESSIFS, indiquent en outre la possession.

3° DÉMONSTRATIFS, désignent le substantif comme présent.

4° NUMÉRAUX, marquent le nombre et le rang.

5° INDÉFINIS, donnent au substantif une expression douteuse, vague et indéterminée.

Un substantif peut être précédé de deux déterminatifs. *Tous les bancs; la première communion ; ses trois maisons.*

DES PRONOMS.

13. Le Pronom remplace le nom, et sert à en éviter la répétition.

14. Il y a cinq classes de pronoms. (Tous sont compris au tableau) :

1° Personnels, désignent de quelles personnes sont les substantifs remplacés.

2° Possessifs, indiquent la possession.

3° Démonstratifs, désignent les substantifs remplacés comme présents.

4° Indéfinis, indiquent les personnes et les choses d'une manière vague et indéterminée ; les interrogatifs en font partie.

5° Relatifs, ou conjonctifs, joignent la phrase qu'ils commencent aux mots qu'ils remplacent.

15. Il y a pour les substantifs, pour les pronoms personnels et possessifs, et pour les adjectifs possessifs, trois personnes.

La première personne est celle qui parle : *je, me, moi, nous, mon, notre ; le mien, le nôtre.*

La seconde personne est celle à qui l'on parle : *tu, te, toi, vous, ton, votre ; le tien, le vôtre.*

La troisième personne est celle de qui l'on parle : ce n'est ni *moi,* ni *toi,* ni *nous,* ni *vous,* ni *le nôtre,* ni *le vôtre ;* c'est *lui, il, elle, eux, elles, on,* etc.

DU VERBE.

16. Le Verbe exprime l'état, la sensation ou l'action des substantifs et des pronoms.

Être, sembler, paraître, devenir, rester, demeurer, sont verbes d'état ; *sentir, éprouver, se souvenir,* sont des verbes de sensation ; *marcher, nager, frapper, travailler,* sont verbes d'action.

17. Le Sujet est le mot dont le verbe exprime l'état, la sensation ou l'action.

Le sujet est toujours un substantif, un pronom, ou un mot, pris substantivement.

18. La prononciation et l'orthographe du verbe varient selon le temps, le mode, le nombre et la personne.

19. Le temps est l'époque du fait énoncé par le verbe.

Il y a TROIS TEMPS GÉNÉRAUX : *le présent, le passé,* et *le futur.*

20. Le mode indique la manière particulière dont le verbe est employé. Il y a CINQ MODES :

1° L'INDICATIF énonce simplement le fait.

2° Le CONDITIONNEL indique l'accomplissement du fait comme subordonné à une condition.

3° L'IMPÉRATIF exprime un commandement, une exhortation ou une prière.

4° Le SUBJONCTIF dépend d'un verbe précédent, exprimé ou sous-entendu : *Je veux qu'il parte ; puisse-t-il m'entendre !*

5° L'INFINITIF exprime le fait d'une manière générale, indéterminée.

21. L'infinitif est le MODE IMPERSONNEL ; il ne reçoit de sujet dans aucun de ses temps.

Les quatre autres modes sont dits PERSONNELS, parce qu'ils reçoivent des sujets de différentes personnes.

22. Les participes cessent d'être verbes lorsqu'ils deviennent adjectifs.

DE LA CONJUGAISON.

23. *Conjuguer* un verbe, c'est parcourir, dans

un ordre régulier, ses modes, ses temps et ses personnes.

24. Les temps sont simples ou composés.

Les TEMPS SIMPLES sont formés par le verbe seul.

Les TEMPS COMPOSÉS se forment du participe passé du verbe conjugué, et de l'un des temps du verbe *être* ou du verbe *avoir*.

Ces deux verbes, lorsqu'ils servent à conjuguer les autres, se nomment *auxiliaires*.

25. Le verbe *avoir* forme lui-même ses temps composés ; il est l'auxiliaire du verbe *être*.

26. Il y a quatre conjugaisons.
Les verbes de la **1**re terminent leur infinitif en ER.
Les verbes de la **2**me, en IR.
Les verbes de la **3**me, en OIR.
Les verbes de la **4**me, en RE.

27. On reconnaît qu'un verbe est à l'infinitif, si, sans choquer l'oreille, on peut le remplacer par *être* ou par *faire*.

Les temps personnels peuvent toujours être précédés de *il*, *ils* ; *elle*, *elles*.

RÉGIMES ET DIVISION DES VERBES.

28. Le régime est le substantif, l'infinitif ou la phrase qui dépend du verbe et en complète la signification.

29. Le RÉGIME DIRECT reçoit immédiatement l'action exprimée par le verbe.

Le RÉGIME INDIRECT se lie au verbe par une préposition.

30. Il y a cinq espèces de verbes.

Le VERBE ACTIF, reçoit un régime direct, et peut être changé en verbe passif.

Le VERBE PASSIF, est formé du participe passé du verbe actif et du verbe *être*.

Le VERBE NEUTRE, ne prend pas de régime direct, et ne peut se tourner en verbe passif.

Le VERBE PRONOMINAL, se conjugue avec un pronom de même personne que le sujet. (Ce pronom est régime direct, ou régime indirect.)

Le VERBE UNIPERSONNEL, ne s'emploie qu'à la troisième personne du singulier.

Il qui le précède est SUJET IMPERSONNEL.

31. *Remarque.* Dans le verbe actif, le sujet fait l'action.

Dans le verbe passif, le sujet reçoit l'action.

Toute phrase active peut se tourner en phrase passive : le régime direct du verbe actif devient alors sujet du verbe passif, et le sujet actif en devient le régime indirect (1).

DES QUATRE CLASSES DE MOTS INVARIABLES.

32. L'ADVERBE se joint aux verbes et aux adjectifs pour augmenter, diminuer ou modifier leur signification.

L'adverbe a une signification propre et ne reçoit pas de complément.

Les adverbes se divisent, selon leur signification, en adverbes de temps, de lieu, de rang,

---

(1) Nous conservons cette remarque, parce qu'elle aide à l'application des règles sur les participes : elle sert aussi à ne pas confondre plusieurs temps des verbes neutres conjugués avec *être*, avec d'autres temps des verbes passifs.

de quantité, de manière, d'affirmation, de doute, de comparaison, et d'interrogation.

Un adverbe modifie souvent un autre adverbe : *Très-vivement, bien aisément.*

Les adverbes formés de plusieurs mots s'appellent ADVERBES *composés,* ou *locutions adverbiales.*

33. La PRÉPOSITION met le substantif, le pronom ou l'infinitif qui la suit en rapport avec le mot qui la précède : elle forme ainsi, soit le régime indirect des verbes, soit le complément des substantifs et des adjectifs.

Elle se distingue de l'adverbe en ce qu'elle a toujours un régime, et que l'adverbe n'en a pas.

Les prépositions expriment les rapports de lieu, de situation, de temps, d'union, de séparation, d'opposition, de but, de cause et de moyen.

La même préposition peut exprimer des rapports différents.

Il y a des prépositions composées dites LOCUTIONS PRÉPOSITIVES.

34. La CONJONCTION lie les phrases ou les parties de phrases entre elles. Elle est toujours, dans la construction régulière, placée entre deux verbes personnels, exprimés ou sous-entendus.

Il y a aussi des conjonctions composées dites LOCUTIONS CONJONCTIVES.

Les conjonctions, suivant la nature des rapports qu'elles établissent, sont dites, de condition, d'union, de séparation, d'augmentation, d'explication, etc. (Voir le tableau.)

35. L'Interjection exprime subitement une affection de l'âme. Ce n'est pour ainsi dire qu'un cri.

Les interjections expriment la douleur, la joie, la crainte, le désir, le mépris, la dérision, la surprise, l'admiration, l'encouragement, l'avertissement et le silence.

DE L'ANALYSE.

1. L'Analyse grammaticale classe tous les mots : elle examine leur genre et leur nombre, s'ils sont substantifs, pronoms ou adjectifs ; leur nombre, leur personne, leur mode et leur temps, s'ils sont verbes.

2. L'Analyse logique examine la phrase dans son ensemble : elle recherche les rapports des mots entre eux, et les fonctions que chacun d'eux remplit dans le discours.

MODIFICATION DES MOTS.

3. Les mots sont modifiés par d'autres mots qui complètent la signification qu'on veut leur donner.

Quelquefois aussi les mots sont détournés de leur sens ordinaire, pour être employés d'une manière particulière. Ainsi un adjectif peut être pris substantivement ; un verbe à l'infinitif peut être employé comme substantif : *Vouloir et pouvoir sont deux.*

On donne le nom général de complément à ce qui complète le sens d'un mot.

4. Le substantif peut être modifié :

1° Par l'adjectif qualificatif : *Cheval agile, armée battue.*

2° Par un complément indirect : *Pain de froment, bois de chêne ; cuillère à café.*

3° Par un autre substantif dont on lui attribue la qualité, la nature, et qu'alors on nomme ATTRIBUT : *Cet enfant est un ange ; cet homme est un Crésus.*

4° Par l'infinitif et par le participe présent, employés comme attributs : *Vous partant, je resterai ; je vois le chien courir* (pour *courant*).

En général, on nomme attribut du substantif, tout adjectif, participe ou substantif sans préposition, placé après un verbe neutre ou passif, et qui a rapport au sujet de ce verbe. Exemple :

Il paraît bon ; Charles fut nommé roi ; Louis est arrivé fatigué ; cet élève est un âne.

5. L'adjectif qualificatif peut être modifié :

1° Par un adverbe : *Très-poli ; sévèrement puni.*

2° Par un complément indirect : *Content de soi ; propre à tout.*

6. L'adjectif déterminatif est toujours suivi d'un substantif, ou d'un adjectif pris substantivement.

L'adjectif qualificatif précédé d'un déterminatif qui se rapporte à lui, devient substantif : *Les forts doivent secourir les faibles ; joindre l'utile à l'agréable.*

Les adjectifs de nombre, pris d'une manière absolue, sont substantifs : *dix et quatre font quatorze.*

7. Certains adjectifs s'emploient parfois comme adverbes : *Raisonner juste ; frapper fort.*

8. Les modifications des pronoms sont les mêmes que celles des substantifs.

9. On nomme *contraction* la réunion de deux mots en un seul. Il y a des articles et des pronoms contractés : *Le raisin des (de les) treilles est mûr ; donnez-m'en ;* pour *donnez à moi de cela.*

Du, de, des, lorsqu'ils ne sont pas précédés d'un substantif, sont articles indéfinis : on peut alors les remplacer par quelques…, certains…, une certaine quantité de… : *J'ai reçu des livres ; il a vendu de beaux arbres ; il a acheté du blé.*

10. Le verbe peut être modifié :

1° Par l'adverbe ;

2° Par le régime direct et par le régime indirect ;

3° Par un infinitif, ou par un autre mot qui forme un sens unique avec le verbe ; exemple : *Je dois partir ; tu as fait mourir cette plante ; il a beau faire ; il nous a fait en aller.*

Dans ce dernier cas, on appelle cet infinitif ou ce mot COMPLÉMENT DU VERBE.

On doit réserver l'expression de RÉGIME DIRECT pour les phrases actives.

11. Le verbe actif employé sans régime direct, est pris neutralement. *Il aime ; il mange.*

Certains verbes neutres et actifs s'emploient accidentellement comme unipersonnels. *Il est arrivé de bonnes nouvelles ; il y a trois ans.*

Quelques verbes sont essentiellement pronominaux, et d'autres essentiellement unipersonnels ; mais il y a un grand nombre de verbes actifs et neutres, qui peuvent s'employer comme pronominaux et comme unipersonnels.

12. L'infinitif s'emploie quelquefois comme substantif. *Mourir est une loi commune ; vouloir et pouvoir sont deux.*

13. Les modifications des parties invariables sont peu nombreuses.

L'adverbe peut être modifié par un autre adverbe. *Si promptement; bien peu.*

Les adverbes de quantité suivis d'un complément deviennent substantifs. On les dit alors *pris substantivement. J'ai trop de vin, donnez-moi beaucoup d'eau.*

14. Certaines prépositions composées sont formées de deux prépositions réunies par un substantif : *Au prix de; par faute de.*

D'autres sont formées par un adverbe qui précède *à* ou *de* : *Antérieurement à, indépendamment de.*

Les participes *vu, excepté, supposé,* s'emploient aussi comme prépositions.

15. Toute préposition, tout adverbe, suivis de *que,* sont conjonctions. *Pour que; avant que.*

Les mots invariables s'emploient comme substantifs dans ce sens : *Il fit entendre un grand hélas ! Les car, les si, les pourquoi ne l'embarrassent jamais.*

16. En cas de doute ou d'embarras, pour fixer la nature ou le sens d'un mot, on doit employer la substitution, c'est-à-dire, remplacer le mot équivoque par un autre qui ne le soit pas; car des mots de même espèce doivent pouvoir se suppléer réciproquement.

Ainsi, un verbe à l'infinitif peut se remplacer par un autre infinitif.

Tout infinitif employé comme attribut peut se changer en participe présent.

Bien, adverbe, peut se remplacer par *mieux; peu,* adverbe, par *beaucoup,* etc. (Voir les tableaux des homonymes.)

17. *Observation.* Lorsqu'on classe les mots d'une phrase, il est toujours bon de nommer le substantif remplacé par un pronom, surtout si ce dernier est relatif.

Le mot *que* est pronom toutes les fois qu'il peut être remplacé par un des équivalents : *quoi, lequel, laquelle, lesquels, lesquelles.*

ANALYSE LOGIQUE.

18. La phrase est la réunion de mots formant un sens complet et fini.

19. Cinq parties logiques peuvent entrer dans sa composition.

1° Le SUJET, auquel on attribue l'état, la sensation, ou l'action exprimée par le verbe ; il répond à la question *qui est-ce qui ?* placée avant le verbe, et faite avec lui.

2° Le VERBE PERSONNEL, partie essentielle et principale de la phrase, à laquelle se rattachent toutes les autres.

3° Le RÉGIME DIRECT, qui reçoit immédiatement l'action du verbe actif, et répond à la question *qui ?* ou *quoi ?* placée après le verbe, et faite avec lui.

4° Le RÉGIME INDIRECT, qui se joint au verbe par *à, de, par, pour.*

5° Le DÉTERMINATIF, qui est, tantôt une expression adverbiale, ou une préposition accompagnée d'un complément ; tantôt une autre phrase qui explique les circonstances de lieu, de temps, de quantité, de cause, etc., modifiant la phrase principale.

20. Il y a régime direct toutes les fois qu'il y a réponse à la question *quoi ?* faite avec le verbe actif, même quand cette réponse commence par une préposition, parce qu'alors le véritable régime direct est sous-entendu : *J'aime à rire*

(j'aime l'action de rire) ; *je cherche à l'aider* (le moyen de l'aider).

21. Une phrase entière peut être régime direct : *Je crois que je n'irai pas.*

22. Le sujet et le verbe personnel suffisent pour former un sens. Ils sont les éléments indispensables et essentiels de toute phrase.

Néanmoins les verbes d'existence doivent être complétés par un attribut : *Le temps semble orageux.*

23. Les *sujets* sont toujours des substantifs, des pronoms, ou des verbes à l'infinitif.

Les mots employés comme *attributs* sont substantifs, pronoms, adjectifs, infinitifs, ou participes.

Les *régimes* sont des substantifs, des pronoms, des infinitifs, ou des phrases entières.

24. La PHRASE est :

Directe, quand ses parties sont rangées dans l'ordre naturel.

Inverse, quand cet ordre est interverti.

Simple, quand elle ne renferme qu'un verbe de mode personnel.

Composée, quand à la phrase principale est jointe une autre phrase relative, explicative ou extensive.

(Voir, à la Syntaxe, Nos 72 et suiv., le complément de l'analyse logique.)

25. Pour analyser une phrase, il faut d'abord bien remarquer le verbe personnel ; puis chercher le sujet de ce verbe, ensuite les régimes, et enfin les déterminatifs.

Si la phrase est composée, on fixe d'abord la phrase principale.

26. Un mot ne peut jamais remplir deux fonctions logiques à la fois.

ELLIPSES, PLÉONASMES, GALLICISMES, HOMONYMES.

27. Dans la construction des phrases, on omet

souvent certaines parties du discours : cette suppression se nomme *Ellipse*.

L'ellipse est donc un retranchement de mots.

EXEMPLES D'ELLIPSES.

Puisse-t-il être heureux ! pour *je désire qu'il puisse*.
(Vous) *Partez ?* — *Non* (je ne partirai pas).
Une fois (que nous sommes) *nés, nous souffrons*.
Le plus savant des hommes, pour *l'homme plus savant parmi les hommes*.
Il ne fait (rien autre chose) *que rire*.
J'ai dormi (pendant) *six heures*.
J'y vais et lui aussi (y va).
(Celui) *qui m'aime me suit*.
Il chante comme une allouette (chante).
Je lis (à la) *page six*.
Je crois (qu'il est) *utile de parler*.
(Quand il n'y a) *pas d'argent*, (il n'y a) *pas de Suisses*.
(Attendu) *son père l'abandonnant, elle n'a plus d'appui*.
(Après) *ce secours retiré, que lui reste-t-il ?*
Ces deux prépositions ont ici un sens conjonctif.

Tel, plusieurs, tous, etc., deviennent pronoms par ellipse.

28. Toute répétition surabondante d'une partie logique se nomme *Pléonasme*.

Je vous le dis (moi).
Toi qui parles, (tu) *ne fais rien*.
S'ennuyer (c') *est l'habitude des sots*.
Insensé (que) *j'étais !*

DES GALLICISMES
OU EXPRESSIONS IRRÉGULIÈRES.

29. On nomme ainsi certaines tournures d'expressions adoptées par l'usage, et dont l'analyse ne peut pas toujours rendre compte.

Toutes les ellipses sont des gallicismes. Les mots explétifs (qui servent à remplir) forment aussi des gallicismes.

Voici quelques exemples de gallicismes :

Quiconque . . . . remplace *celui qui*.
De . . . . » *qui est*. Quelque chose d'agréable.
Pour . . . . » *quoique* avec le subjonctif. Pour être riche, il n'est pas plus heureux.
Pour . . . . » *comme*. Je vous le donne pour bon.

Que.	remplace	*combien*. Que je vous aime !
Que.	»	*pourquoi*. Que ne puis-je y courir !
Que.	»	*rien*. Je ne sais que dire, que faire.
Comme.	»	*comment, combien*. Voyez comme il est blessé.
Rien.	»	*quelque chose*. Y a-t-il rien de plus beau !
Ne que de.	»	*à l'instant*. Il ne fait que d'arriver.
Ne que.	»	*seulement*. Je n'aime que vous.
Voici, voilà.	»	*vois ici, vois là*.
Il vient de partir. . .	»	*il est parti depuis peu*.
Il va travailler. . . .	»	*il travaillera bientôt*.
Il doit me payer. . .	»	*il me paiera*.
Il a beau courir. . .	»	*il court en vain*.
Il y a des gens. . . .	»	*il existe des gens*.
Il est beau d'étudier.	»	*l'action d'étudier est belle*.

Il en est de sa fortune comme de sa réputation, pour *sa fortune est comme sa réputation*.

Il ne laisse pas (l'action) *de marcher*, pour *il ne s'abstient pas de marcher*.

Je vous l'ai joliment arrangé. Vous est inutile et mis par gallicisme.

C'est bien édifiant que de crier ainsi ! Que de est également employé comme gallicisme.

On considère comme gallicismes les verbes unipersonnels dont le sujet apparent est *il*, et dont le sujet réel est placé après.

Il faut partir (partir faut, ou est nécessaire).
Il est arrivé de bonnes nouvelles (de bonnes nouvelles sont arrivées).
Il est question de faire. (La question de faire existe.)

DES HOMONYMES.

30. On appelle Homonymes des mots qui expriment des idées différentes, quoiqu'ils se ressemblent entre eux par leur prononciation, et souvent par leur orthographe.

Trois vers de terre, apportés dans un verre, furent mis en amorce vers les arbres verts.

Nous donnons aux tableaux la liste de quelques homonymes fréquemment employés, et les moyens qu'on peut employer pour en reconnaître la nature.

DE L'ORTHOGRAPHE.

1. Il y a *Orthographe radicale* et *Orthographe finale*.

2. L'ORTHOGRAPHE RADICALE embrasse les mots invariables, et la partie invariable des autres.

L'ORTHOGRAPHE FINALE s'applique à la terminaison des mots variables : elle est surtout l'objet de la grammaire.

3. L'orthographe radicale est fixée par l'usage; c'est le dictionnaire qui la donne. Il y a cependant quelques règles générales, dont voici les principales.

4. Certains mots servent à en former d'autres : les mots ainsi formés se nomment DÉRIVÉS.

La *dérivation* fournit l'orthographe, tantôt des mots dérivés, tantôt de ceux qui les forment. Ainsi, *parfumer* marque, par sa prononciation, que *parfum*, son radical, est terminé par un *m*.

Le radical *terre* donne deux *r* pour écrire *souterrain*.

Le radical *repos* indique que ses dérivés, *reposer*, *reposoir*, doivent s'écrire par un *s* et non par un *z*.

Tonneau, chapeau, prennent *e* dans *tonne* et *chapelier*, etc.

5. Les adjectifs et participes masculins prennent leur terminaison finale dans la formation du féminin. Ainsi *grand* prend *d* dans *grande*; *niais* prend *s* dans *niaise*; *cuit* prend *t* dans *cuite*.

6. Un grand nombre d'adverbes prennent leur

orthographe dans les mots dont ils dérivent. On écrit par *emment* ceux qui sont formés des mots terminés en *ent; ardent, ardemment;* et par *amment,* ceux qui sont formés des mots terminés en *ant; méchant, méchamment.*

7. Il y a des exceptions à la dérivation : On écrit habi*t* et habi*ller*, fabri*quer* et fabri*cant*, tabac et taba*gie*, dissou*s* et dissou*te*, absou*s* et absou*te*, *honneur* avec deux *n* et *honorer* avec un seul, etc.

8. Dans l'intérieur des mots, on écrit les sons *an, in, on, en*, dits *voyelles nasales,* avec *m,* avant les lettres *b, m, p,* sauf quelques exceptions fournies par la composition primitive, *embonpoint (en bon point).*

9. Tout nom de dignité ou d'état, dont le son final est *a,* prend un *t : magistrat, soldat.*

10. Tous les noms d'état, de dignité, et les noms d'arbre dont le son final est *é,* s'écrivent par *er : jardinier, chancelier, abricotier.*

11. Les consonnes suivantes se redoublent :
B dans *abbé, rabbin, sabbat, gibbeux* et *gobbe.*

C dans *acc* commençant les verbes, excepté *acquitter, acquérir, acquiescer, acagnarder, acoquiner :* dans *occ,* au commencement de tous les mots, excepté *ocre, oculaire, oculiste.*

F dans les mots commençant par *af, ef, dif, of, suf, souf* et dans *chauffer;* excepté *afin, Afrique, soufrer, éfaufiler.*

M à la suite des voyelles nasales, *emmener.*

T dans les verbes commençant par *at,* excepté *atermoyer.*

Les cas dans lesquels les autres consonnes se

redoublent, offrent beaucoup d'exceptions.

12. Tout infinitif se termine par R ou RE. On reconnaît qu'un verbe est à l'infinitif si on peut mettre à sa place *être* ou *faire*.

Deux temps personnels ne se suivent jamais immédiatement.

Les temps des verbes *être* et *avoir* ne sont jamais immédiatement suivis d'un infinitif, à moins que le verbe *être* ne soit employé pour le verbe *aller*.

SIGNES ORTHOGRAPHIQUES.

13. Les signes orthographiques sont :

1° L'accent aigu (´).   6° Le tréma (¨).
2° L'accent grave (`).   7° La cédille (ç).
3° L'accent circonflexe (^).   8° La majuscule.
4° L'apostrophe (').   9° Les lettres euphoniques.
5° Le trait d'union (–).

Des Accents.

14. L'ACCENT AIGU se place sur *e* qu'on prononce *é*, quand cette lettre termine la syllabe, comme dans *bonté*. L'e s'appelle alors *e* fermé.

15. L'ACCENT GRAVE se place :

1° Sur *e*, qui a le son grave quand cette lettre termine la syllabe; dans *procès, progrès, accès, succès, près;* et dans *dès*, préposition. L'e ainsi prononcé s'appelle *e* ouvert.

2° Sur *à*, final d'adverbe ou de préposition.

3° Sur *où*, adverbe ou pronom contracté.

16. L'ACCENT CIRCONFLEXE se place :

1° Sur toutes les voyelles fortement prononcées, pour tenir lieu de *s* dont elles étaient autrefois suivies, et qu'on a retranché. Ex. : *Maître, forêt, lâche, paraître,* au lieu de *maistre, forest, lasche, paraistre.*

2° Sur les noms et adjectifs en *ême.*

3° Sur *crû,* substantif ; *mûr ; sûr,* de *sûreté,* adjectifs, et sur *dû, mû, crû,* participes de *devoir,* de *croître* et de *mouvoir.*

4° Sur l'*u* de quelques adverbes : *crûment, assidûment, continûment,* etc.

Les voyelles surmontées de l'accent circonflexe sont dites *longues.*

De l'Apostrophe.

17. L'APOSTROPHE remplace une voyelle finale, suivie d'un autre mot commençant par une voyelle ou par une *h* muette.

Les mots qui prennent l'apostrophe sont :

1° *La,* les monosyllabes en *e,* et *jusque.*

2° *Lorsque, puisque, quoique,* avant *il, elle, on, un.*

On écrit encore *puisqu'ainsi.*

3° *Entre,* dans *entr'acte,* et dans les verbes pronominaux. Ex. : *S'entr'aimer, entr'ouvrir.*

4° *Grande,* prononcé *grand. Grand'salle, grand'chère, grand'mère.*

5° *Si* suivi de *il, s'il ; quelque* dans *quelqu'un ; presque* dans *presqu'île.*

L'apostrophe s'emploie encore après *L* euphonique, et dans *aujourd'hui* et *d'abord.*

Il n'y a jamais élision avant *oui, onze* et *onzième.*

Du Tréma (··).

18. Le TRÉMA fait séparer, dans la prononciation, une voyelle de celle qui la précède. *Isaïe, Esaü, Saül.*

Le tréma se met aussi 1° sur *e* final de *ciguë*, *aiguë*, *contiguë*, *exiguë*, *j'arguë*, pour que *guë* ne soit pas prononcé comme *gue* dans *figue*.

2° Sur *i* dans ces imparfaits : *Nous jouïons, vous avouïez*, etc.

19. L'*h* dite *aspirée* produit le même effet que le tréma sur la voyelle qui la précède : *Le héron*.

De la Cédille (5).

20. La CÉDILLE fait prononcer *c* comme *s* : elle est inutile avant *e* et *i*.

Du Trait-d'Union (-).

21. Le TRAIT-D'UNION joint :

1° Les membres des mots composés, et les nombres au-dessous de cent.

2° Les verbes personnels et leurs sujets, lorsque ceux-ci sont pronoms personnels et placés après le verbe : *Dit-il, veux-tu, répondis-je, quel homme est-ce là ?*

3° Les verbes aux secondes personnes de l'impératif, et les pronoms personnels régimes qui suivent immédiatement. Ex. : *Dépêchez-vous, donne-la-lui, allons-nous-en*.

4° L'adjectif *même* et le pronom personnel qui le précède : *Lui-même*.

5° *Çà*, *ci* et *là* joints à un autre mot : *Celui-ci, celle-là; ce lieu-ci, cette forêt-là; venez-çà*.

6° *Très* et l'adverbe ou l'adjectif dont il est suivi : *Très-beau, très-vite*.

7° Les mots qui précèdent et qui suivent le *t* euphonique : *Dira-t-on*.

Des Lettres euphoniques.

22. Les LETTRES EUPHONIQUES s'emploient pour

adoucir la prononciation : il y en a quatre, *e*, *s*, *l*, *t*.

Elles se placent :

E, après l'adverbe *tout* modifiant un adjectif féminin, qui commence par une consonne ou par une *h* aspirée. *Toute joyeuse, toute haïssable.*

S, 1° entre un impératif de la seconde personne n'ayant pas d'*s* final, et les pronoms contractés *en* et *y*. Ex. : *Donnes-en, promènes-y-toi, mènes-y-moi, apportes-y tes soins;* au lieu de *donne en, promène t'y*, etc.

2° Après *jusque* suivi d'une voyelle : *Jusques à quand.*

L, avant le pronom *on*, pour former *l'on.*

T, après les verbes personnels simples, ayant pour finale une voyelle, et suivis d'un pronom sujet commençant par une voyelle. *Parle-t-elle, dira-t-on, ouvre-t-elle.*

De la Majuscule.

23. La MAJUSCULE se place au commencement :

1° Des divers noms par lesquels on désigne Dieu : *Le Créateur, la Providence, l'Être suprême*, etc.

2° De tous les substantifs propres d'hommes, d'animaux, de lieux et de peuples.

3° Des titres de dignités et des titres d'ouvrages : *Vous connaissez, Monsieur le Baron, l'Histoire d'Angleterre par David Hume.*

4° Des noms d'arts, de métiers, de sectes et de partis pris individuellement. *La Peinture, la Musique* parlent aux sens et à l'âme. Les *Torys* et les *Whigs.*

5° Au commencement des vers, des discours

2

cités, et des phrases qui commencent un discours ou qui suivent un point.

6° Enfin au commencement de tous les mots que la poésie et l'imagination personnifient : *Sur les ailes du Temps la Tristesse s'envole.*

24. Les substantifs et les adjectifs faisant essentiellement partie des noms propres réclament la majuscule : Les départements de la *Haute-Saône* et de la *Loire-Inférieure ;* la *mer Noire,* la *mer du Nord,* le *Palais-Royal.*

ORTHOGRAPHE FINALE.

DU PLURIEL DES SUBSTANTIFS, DES ADJECTIFS ET DES PRONOMS.

25. Les substantifs et les adjectifs terminés par *s, x, z,* ne changent point au pluriel.

Les mots dont le son final est *eu* ou *au* prennent un *x* au pluriel, ainsi que : *bijou, caillou, chou, genou, hibou, joujou, pou.*

Tous les autres prennent *s,* ainsi que *landau* et *bleu,* qui font *landaus* et *bleus.*

26. *Vingt* et *cent* au pluriel ne prennent *s* que quand ils ne sont pas suivis d'un autre adjectif de nombre. *Million, billion* et *milliard* prennent toujours un *s.*

Tous les autres noms de nombre sont invariables.

NOTA. *Mille* s'écrit *mil* pour la date des années.

27. La prononciation change quelquefois du singulier au pluriel.

Les substantifs et adjectifs en *al* font leur pluriel en *aux.* Excepté les substantifs *bal, carnaval, régal, cal, chacal,* qui prennent un *s.*

28. On écrit, avec *s* au pluriel, les adjectifs *amical, colossal, fatal, glacial, jovial, naval.* Cependant l'Académie ne donne pas de pluriel à ces adjectifs.

Les adjectifs *austral, boréal, final, idéal, littéral, matinal, tri-*

vial, vénal, et d'autres d'un usage moins fréquent, ne s'emploient pas au pluriel.

29. Les substantifs terminés en *ail* font leur pluriel en *aux*, excepté : *Travail* à ferrer, *travail* de bureau, *attirail*, *détail*, *épouvantail*, *poitrail*, *gouvernail*, et d'autres moins usités.

30. *Ciel*, employé au pluriel en terme d'art ou de peinture, s'écrit *ciels* : *Ciels de lit; ciels de tableaux.*

Œil-de-bœuf, espèce de vitre ou de lucarne, fait au pluriel *œils-de-bœuf*.

On dit *les aïeux* pour *les ancêtres*, et *les aïeuls* pour *les grands-pères*.

31. *Gent* et *tout* perdent au pluriel le *t* final : ce sont les deux seuls mots qui admettent cette suppression.

32. La plupart des mots tirés des langues étrangères sont invariables, tels que, des *concerto*, des *déficit*, des *ave*, des *pater*, des *duo*, des *in-folio*, des *impromptu*, des *lazzi*.

Les mots invariables pris substantivement sont toujours invariables : Les *oui*, les *si*, les *car*.

33. Lés noms propres n'ont point de pluriel, à moins qu'on ne les emploie comme attributs, ou comme désignant des familles célèbres : *Chaque siècle n'enfante pas des Alexandres, des Napoléons; les Bourbons règnent depuis* 1589.

34. Les compléments indéterminés sont ordinairement au singulier : *Lit de plume* (fait avec de la plume); *marchand de vin* (qui vend du vin). Cependant on met au pluriel le substantif indéterminé, quand, en le plaçant comme régime d'un verbe ou d'un participe, il se trouve au pluriel : *Marchand de pommes* (qui vend des pommes); *paquet de plumes* (composé de 25 plumes); *marchand de vins fins* (qui vend des vins fins).

DU GENRE DES SUBSTANTIFS ET DES PRONOMS.

35. La marque du féminin est *E*, quand la prononciation le permet.

36. Ne prennent pas la marque du féminin :

1° Tous les substantifs en *eur*, excepté *heure* et *demeure*.

2° Tous les substantifs en *té* et en *tié*, à moins

qu'ils ne dérivent d'un participe passé, ou qu'ils n'expriment une quantité, tels que *portée, dictée, hottée, charretée*, etc.

3° Quelques substantifs en *i* : *Fourmi, houri, brebis, souris, perdrix*, etc.

4° Les quatre substantifs en *u* : *Bru, glu, tribu, vertu*.

5° Les substantifs en *oi* : *Foi, loi, paroi, fois, croix, poix, voix*.

6° *Clef* et *paix*.

Enfant devient féminin quand il désigne évidemment une fille : *Emilie est très-douce, j'aime beaucoup cette enfant.*

37. *Amour, délice, orgue*, sont masculins au singulier, et féminins au pluriel.

Hymne, chant d'église, est féminin ; autrement il est masculin.

Couple est masculin en sens d'union : *Un couple d'amis.* Il est féminin en sens numérique : *Une couple d'œufs.*

38. *Gens* veut l'adjectif qualificatif qui le précède au féminin et celui qui le suit au masculin : *Ces bonnes gens sont heureux.* Cependant l'adjectif *tout* et les adjectifs qui se terminent en *e* restent au masculin devant *gens* : *Tous ces gens-là ; tous les honnêtes gens.*

39. *Beurre, leurre, génie, impie, incendie, vedette, estafette, foie, athée, musée, mausolée*, et d'autres, sont masculins, quoique terminés par un *e*.

(Voyez le tableau des substantifs de genre équivoque.)

DU GENRE DES ADJECTIFS.

40. L'adjectif et le pronom n'ont, par eux-mêmes, ni genre ni nombre ; mais ils prennent le genre et le nombre du substantif auquel ils se rapportent.

La question *qui est-ce qui est* avant l'adjectif, et la question *qui* ou *quoi* à la place du pronom, s'emploient pour trouver le substantif auquel ils se rapportent.

41. Si l'adjectif qualifie des substantifs de différents genres, on le met au masculin. S'il change de prononciation au féminin, il faut placer le substantif masculin le dernier.

Exemple : *Cette crème et ce pain sont excellents.*

42. Quand les substantifs ont à peu près la même signification, ou lorsque le dernier a plus d'énergie, on peut faire accorder l'adjectif avec le dernier seulement. Ex. : *Il est doué d'un talent et d'une sagacité étonnante.*

On le peut encore si les deux sujets sont unis par la conjonction *ou* : *Son désintéressement ou son insouciance est surprenante.*

43. Les adjectifs et pronoms terminés en *e* ne changent point au féminin.

44. Les adjectifs terminés en *el, eil, et, ol, os, ot, en, on, ul, ien, ais,* doublent la consonne finale avec *e,* excepté : *idiote, bigote, dévote, niaise, mauvaise, rase, complète, concrète, discrète, inquiète, replète, secrète.*

45. Les adjectifs terminés par *c* font leur féminin en *che : Blanc, blanche.*

Les adjectifs terminés par *f* font leur féminin en *ve : Bref, brève.*

Les adjectifs terminés par *x* font leur féminin en *se : Heureux, heureuse;* à moins que la prononciation ne s'y oppose, comme dans *rousse, douce, fausse.*

Public, caduc, turc, font au féminin *publique, caduque, turque.*

Grec fait *grecque.*

46. Les adjectifs en *eur,* exprimant un rapport de position ou de comparaison, prennent *e* au féminin : *Antérieure, meilleure.*

47. Les autres adjectifs en *eur* changent leur prononciation au féminin; ainsi on dit : *Chanteuse, sauteuse, danseuse; actrice, cantatrice, institutrice; vengeresse, pécheresse, demanderesse, défenderesse; servante, gouvernante,* etc.

Le féminin se forme alors d'après la règle générale.

Les adjectifs féminins, *bénigne, maligne,*

traîtresse, longue, etc., prennent également une prononciation différente du masculin.

48. *Châtain, fat, grognon, ponceau,* n'ont pas de féminin. *Pêcheur, auteur, traducteur, agresseur, amateur, compositeur, imposteur,* etc. n'en ont pas non plus.

Demi et *nu* sont invariables avant le substantif; ainsi l'on écrit :

Des *demi*-heures, et une heure et *demie.*

Ils sont *nu*-jambes, et jambes *nues.*

49. *Feu* (mort) ne prend *e* que lorsqu'il est immédiatement avant le substantif : *La feue reine; feu ma tante.*

50. *Mon, ton, son,* ne changent point avant un substantif féminin commençant par une voyelle ou par une *h* muette : *Mon ami; son humeur.*

Leur, adjectif ou pronom, ne prend pas la marque du féminin.

Les adjectifs numéraux ne la prennent pas non plus.

51. *Même* est adjectif lorsqu'il est placé immédiatement avant le substantif; ou, lorsque, étant placé après, on peut y joindre un pronom personnel : *Les rois mêmes ne le pourraient;* on peut dire, *les rois eux-mêmes.*

Même, signifiant *de plus, aussi, encore,* est adverbe : *Nous vous disions même,* etc. *On y voyait des citoyens, des soldats, des généraux même. Il imposait à tous, aux rois même.* On peut dire : *Il imposait même aux rois.*

52. *Tout* est adverbe, pronom, ou adjectif.

Tout est adverbe, s'il peut se changer par *si, totalement.*

Tout est pronom, s'il peut se remplacer par *toute chose,* ou par *rien.*

Tout, placé avant un substantif, ou avant un déterminatif, est adjectif.

53. *Quelque*, avant un substantif, est adjectif.

Quelque, avant un adjectif, est adverbe s'il peut se remplacer par *si*.

Quel que, avant un verbe, s'écrit en deux mots ; alors *quel* est adjectif indéfini du sujet de ce verbe, et *que* est conjonction.

54. Remarques. *Tout*, adverbe, prend *e*, par euphonie, avant un substantif féminin commençant par une consonne ou par une *h* aspirée. Elle est *toute honteuse, toute folle*.

55. *Tout* devient adjectif, si on peut le reporter avant le substantif auquel se rapporte l'adjectif qualificatif. *La forêt est* toute *en feu ; la famille est* toute *heureuse*. On peut dire : *Toute la forêt est en feu ; toute la famille est heureuse*.

56. *Tout*, suivi de *entier, entière*, est invariable si on peut remplacer les deux mots par *entièrement : Dieu remplit l'immensité tout entière*. On peut dire : *Remplit entièrement. Cette question intéresse l'humanité toute entière ; on ne dirait pas : Intéresse entièrement*, mais on peut dire *toute l'humanité*.

Tout suivi de *autre* est invariable, si *autre* peut se remplacer par *différent : Elles sont tout autres ; elles sont toutes différentes*. Il est variable, si on peut remplacer l'expression par *un autre, une autre : Toute autre que sa sœur ; c'est-à-dire : Une autre femme que*.

57. *Quelque*, avant un adjectif qualificatif, immédiatement suivi d'un substantif, est adjectif, si on peut, sans changer le sens de la phrase, supprimer le qualificatif : *Quelques belles promesses que vous me fassiez, vous ne me séduirez pas*. On peut dire : *Quelques promesses que vous me fassiez.—Quelque braves soldats que soient les ennemis, les nôtres les surpasseront en courage*. Ici on ne pourrait supprimer *braves* sans altérer le sens.

DES SUBSTANTIFS COMPOSÉS.

58. Les membres des substantifs composés sont réunis par un trait-d'union.

59. Les verbes et les mots invariables qui en font partie ne prennent jamais la marque du pluriel.

60. Si le mot composé est formé de deux substantifs, ou de deux adjectifs, ou d'un substantif et d'un adjectif, on met les deux mots au pluriel.

Chefs-lieux, fourmis-lions, cousins-germains, toutes bonnes, etc. On écrit des *nouveau-nés.*

Si ces deux mots sont unis par une préposition exprimée ou sous-entendue, le premier seul se met au pluriel. Ex. : *Des arcs-en-ciel, des bains-marie.*

Si le mot est formé d'une préposition et d'un substantif, le substantif se met au pluriel : *Des arrière-saisons.*

On dit cependant des *contre-poison,* parce que le sens est : *Des remèdes contre le poison.*

61. Les noms composés d'un verbe et d'un substantif, sont toujours de même nombre.

Le substantif est au pluriel, s'il agit à la fois ou de suite sur plusieurs objets : *Un essuie-mains, un couvre-pieds.* Il reste au singulier dans tout autre cas : *Des coupe-gorge, des perce-neige.*

62. Les noms propres, les noms empruntés aux langues étrangères sont toujours invariables dans les noms composés. Ex. : *Des Te Deum, des a-parte, des in-douze.*

63. *Coq-à-l'âne, tête-à-tête, pied-à-terre, pot-au-feu,* sont toujours invariables.

DU VERBE.

64. Il faut distinguer dans un verbe le *radical* qui reste invariable, de la partie finale qui change selon les modes, les temps et les personnes.

Les temps et les modes d'un verbe se forment selon la conjugaison dont il fait partie; mais comme certains verbes de même conjugaison présentent entre eux des différences, on a recours, pour connaître celles-ci, aux temps primitifs de chaque verbe.

Des temps primitifs.

65. On nomme *temps primitifs*, cinq temps principaux qui servent à former les autres. Ce sont :

1° Le PRÉSENT DE L'INDICATIF, dont on forme la *seconde personne du singulier de l'impératif,* en retranchant le pronom *je.* Exceptions : *Va, aie, sois, sache.*

2° Le PASSÉ DÉFINI, dont on forme l'*imparfait du subjonctif,* en changeant *ai* en *asse,* pour la première conjugaison, et en ajoutant *se* pour les trois autres.

3° Le PRÉSENT DE L'INFINITIF, dont on forme le *futur* et le *conditionnel présent,* en changeant *r, oir* ou *re* en *rai* et en *rais.*

4° Le PARTICIPE PRÉSENT, dont on forme :

1° Les *trois personnes du pluriel de l'indicatif présent*, en changeant *ant* en *ons, ez* et *ent.*

2° L'*imparfait de l'indicatif,* en changeant *ant* en *ais.*

3° Le subjonctif, en changeant *ant* en *e.*

5° Le PARTICIPE PASSÉ, dont on forme, avec l'un des verbes auxiliaires, *tous les temps composés.*

Orthographe finale des temps personnels.

66. La première personne du singulier se termine par *E*, par *AI*, et par *S*.

Par *E* : 1° au présent de l'indicatif, dans la première conjugaison, et dans la deuxième, si la prononciation le permet ;

2° Au présent et à l'imparfait du subjonctif de tous les verbes.

Par *AI* : 1° au passé défini de la première conjugaison ;

2° Au futur de tous les verbes.

Par *S* dans tous les autres cas.

Exceptions : *J'ai, je peux, je veux, je vaux,* et dérivés.

67. La deuxième personne se termine par *E* et par *S* :

Par *E* à l'impératif, quand la prononciation donne *e;*

Par *S* dans tous les autres cas.

Exceptions : *Tu veux, tu peux, tu vaux,* et *va.*

68. La troisième se termine par *A*, par *E*, par *C*, par *D*, et par *T*.

Par *A* : 1° au passé défini, dans la première conjugaison ;

2° Dans le futur de tous les verbes ; et dans *il a, il va.*

Par *E* quand la prononciation le donne.

Par *C* et *D* quand ces lettres commencent la dernière syllabe du présent de l'infinitif.

Par *T* dans tous les autres cas.

69. Les verbes terminés par *indre* et *oudre* perdent, à la première et à la seconde personne du présent de l'indicatif, le *d* de dérivation ; on écrit : *Je crains, je feins,* etc. Le verbe *sentir* perd également le *t : Je sens.* Ces verbes prennent un *t* à la troisième personne : *Il feint, il craint, il dissout.*

70. Les trois personnes du pluriel se terminent selon la prononciation :

La 1re par *ons* ou *mes.*

La 2me par *ez* ou *tes.*

La 3me par *ent* ou *ont.*

71. La troisième personne du singulier de l'im-

parfait du subjonctif prend toujours un accent circonflexe. La troisième personne du passé défini a le même son final : on les distingue l'une de l'autre en mettant la phrase au pluriel : l'imparfait du subjonctif donne *ssent*, et le passé défini donne *rent*.

72. Les autres temps qui prennent l'accent circonflexe sont le passé défini et le passé antérieur, aux deux premières personnes du pluriel ; le second conditionnel passé et le plus-que-parfait du subjonctif, à la troisième personne du singulier : *Nous fîmes, vous eûtes reçu ; il eût rendu, qu'il eût fallu.*

73. Lorsque la prononciation change *e* en *è* dans les temps personnels des verbes terminés par *eler, eter,* on redouble le *t* ou le *l : Appeler, j'appelle ; jeter, je jette.*
Exceptions : *J'achète, je pèle, je harcèle, il gèle.*
Dans les autres verbes, le son grave *è*, remplaçant *e* ou *é*, s'exprime toujours par l'accent : *Amener, j'amène ; répéter, je répète.*
Les verbes en *aître* conservent toujours l'accent sur l'*i* suivi d'un *t*.
Les verbes terminés en *ger* conservent, par euphonie, l'*e* de l'infinitif devant *o* et *a : Je mangeais.*

74. Les verbes dont le participe présent se termine en *iant* ou *yant,* prennent un second *i* aux deux premières personnes du pluriel de l'imparfait de l'indicatif, et du présent du subjonctif : *Priant, nous priions ; voyant, nous voyions.*

Les verbes en *yer*, autres que ceux terminés par *ayer* et *eyer*, ne gardent qu'un *i* devant *e*. Ainsi on doit écrire : *Je m'appuie, tu emploies; et je paye, tu grasseyes.* (Académie.)

75. Les verbes *tuer, vouer, nouer*, etc., prennent le tréma aux deux premières personnes du pluriel de l'imparfait de l'indicatif et du subjonctif présent : *Nous nouïons.*

Les verbes en *indre* et en *soudre* ne gardent le *d* qu'au futur et au conditionnel.

76. *Bénir* a deux participes passés : *Bénit, bénite*, appliqué aux objets consacrés pour le culte; *béni, bénie*, dans tous les autres cas.

Fleurir a deux imparfaits de l'indicatif et deux participes présents : *Florissant, je florissais*, employés pour une situation prospère; *fleurissant, je fleurissais*, dans tous les autres cas.

Accord du Verbe personnel avec le sujet.

77. Le verbe personnel prend le nombre et la personne du sujet.

78. Si le verbe a plusieurs sujets, il se met au pluriel.

Si les sujets sont de différentes personnes et que l'un des deux soit de la première, le verbe se met à la première; s'il n'y a point de première personne, le verbe se met à la seconde.

Des Verbes irréguliers et défectifs.

79. On nomme *irréguliers*, les verbes qui ne suivent pas la règle des temps primitifs, dans la formation de leurs temps.

Les verbes *défectifs* sont ceux auxquels il

manque quelques temps ou quelques personnes.

L'impératif est un temps défectif.

Lorsqu'un temps manque, ses dérivés manquent presque toujours aussi. (Voir le tableau des verbes irréguliers et défectifs.)

Des Verbes interrogatifs.

80. On peut ranger au nombre des verbes défectifs, tous les verbes employés interrogativement, parce qu'alors ils ne s'emploient ni à l'infinitif, ni aux deux derniers modes.

81. Dans les modes interrogatifs, le temps personnel précède le sujet : *Vient-il? voulez-vous ?*

Lorsque la première personne se termine par *e*, elle prend l'accent aigu : *Aimé-je? eussé-je espéré ?*

82. Si la transposition du sujet après le verbe donne, pour la première personne de l'indicatif, un son trop dur, on emploie cette tournure : *Est-ce que je sors ?* au lieu de *sors-je ?*

83. La troisième personne, terminée par une voyelle, est toujours séparée du pronom par le *t* euphonique : *Viendra-t-il; finira-t-elle.*

DE L'ORTHOGRAPHE DES PARTICIPES.

84. Les participes sont ainsi nommés parce qu'ils participent de la nature du verbe et de celle de l'adjectif. Ils viennent du verbe et peuvent s'employer comme adjectifs.

85. Le *participe présent*, employé comme verbe, marque une manière d'exister ou d'agir. Il est invariable. On le connaît :

1° Lorsqu'il a un régime direct ou indirect.

2° Lorsqu'il est ou peut être précédé de *en*.

3° Lorsqu'on peut le tourner en temps personnel avec le pronom *qui*.

Hors ces trois cas, le participe présent est adjectif qualificatif.

86. Le *participe passé* suit les règles d'accord des adjectifs :

1° Lorsqu'il est employé sans verbe auxiliaire.

2° Lorsqu'il est accompagné du verbe d'existence *être* : il est alors attribut du sujet de la phrase et s'accorde avec lui.

3° Lorsqu'il fait partie d'un verbe actif ou d'un verbe pronominal, et qu'il se rapporte à un régime direct placé avant ce verbe.

Nota. Dans le verbe pronominal, l'auxiliaire *être* doit être considéré comme tenant la place du verbe *avoir* : *Je me suis amusé*, présente absolument le même sens que : *J'ai amusé moi.*

Le pronom, régime du verbe pronominal, est direct toutes les fois qu'on ne peut le tourner en régime indirect.

87. Les verbes *se plaire*, *se rire*, sont toujours considérés comme pronominaux neutres.

88. Le participe passé ne s'accorde jamais avec un régime formé par un pronom contracté. Ex. : *Ces pêches, j'en aurais bien mangé*, (de cela). *Les cinq heures que j'ai dormi*, (pendant lesquelles).

89. Tout participe d'un verbe unipersonnel ou d'un verbe neutre, conjugué avec *avoir*, est invariable.

90. L'accord du participe est embarrassant dans trois cas :

1° Lorsque le participe, précédé d'un régime direct, est suivi d'un autre verbe :

Il y a accord, si c'est le premier verbe qui reçoit le régime direct.

Il n'y a point d'accord, si c'est le second verbe qui le prend (1).

Ex. : *La dame que j'ai entendue chanter.*

Ex. : *La romance que j'ai entendu chanter.*

91. Lorsque la préposition *à* sépare le participe de l'infinitif, le participe doit, d'après l'Académie, recevoir l'accord : *Les ennemis qu'il a eus à vaincre ; les devoirs qu'on m'a donnés à faire.*

92. 2° Quand le participe termine une phrase, et que son régime est, ou sous-entendu, ou représenté par *le* pour *cela*, le participe reste invariable.

Ex : *Cette lettre est plus intéressante que je ne l'avais cru* (cela).

Il m'a rendu tous les services qu'il a pu (me rendre).

93. 3° Lorsque le participe se rapporte à *le peu de :*

Si *le peu*, la petite quantité, produit le même effet que ferait une grande, le participe s'accorde avec le complément de *le peu*.

Si l'effet manque ou s'accomplit par suite du *peu de*, le participe reste masculin singulier (2).

Ex. : *Le peu d'eau qu'il a bue l'a désaltéré.*

Le peu d'eau qu'il a bu, n'a pu le désaltérer.

Le peu d'égards qu'on lui a témoigné, l'a déterminé à se retirer.

94. Les participes *vu, passé, compris, excepté, supposé,* placés avant le substantif auquel ils se rapportent, sont employés comme prépositions et demeurent invariables : placés après le substantif, ils sont adjectifs et prennent l'accord.

---

(1) On reconnaît facilement lequel des deux verbes prend le régime direct, en changeant l'infinitif en participe présent.

On reconnaît encore qu'il y a accord avec le participe, lorsque le régime, substantif ou pronom, répond aux deux questions *qui est-ce qui est…?* faite avec le participe, et *qui est-ce qui…?* faite avec un temps de l'indicatif du second verbe.

Ex. : *La dame que j'ai entendue chanter.*

Qui est-ce qui est entendu ? — *La dame.*

Qui est-ce qui chantait ? — *La dame.* Il y a accord.

La romance que j'ai entendu chanter.

Qui est-ce qui est entendu ? — *La romance.*

Qui est-ce qui chantait ? — Ce n'est pas la romance. Il n'y pas d'accord.

(2) Pour se fixer sur le sens de la phrase, on l'essaye, en supprimant *le peu,* et en le remplaçant par un adjectif déterminatif.

1er cas : *Le peu de bonne volonté qu'il a montré m'a mécontenté.*

Dites : *La bonne volonté qu'il a montré m'a mécontenté.*

Ce dernier sens est faux, c'est *le peu* qui a mécontenté, c'est avec *le peu* que doit s'accorder le participe *montré.*

2me cas : *Je suis satisfait du peu de bonne volonté qu'il a montrée.*

Dites : *Je suis satisfait de la bonne volonté qu'il a montrée.*

Le sens est le même ; c'est avec *volonté* que l'accord a lieu.

95. Les expressions *ci-inclus*, *ci-joint*, placées avant le substantif, ne s'accordent avec lui que s'il est déterminé. *Vous recevrez ci-joint copie*, ou *ci-jointe la copie*.

DE LA SYNTAXE.

1. La *Syntaxe* d'une langue est l'art de la construction et de l'arrangement des phrases et des mots qui lui sont propres.

Elle fixe la signification des expressions, et donne les moyens d'éviter toute équivoque et toute obscurité.

2. L'étude des règles de la syntaxe demande une connaissance acquise des modifications diverses que peuvent exercer les unes sur les autres les différentes parties du discours, et de celles qui sont déterminées par la ponctuation.

DE LA PONCTUATION.

3. L'art de la Ponctuation consiste dans l'emploi de signes convenus, pour indiquer dans l'écriture le sens et la liaison des phrases ; la proportion des pauses que l'on doit faire, et les inflexions que doit subir la voix, lorsque l'on parle.

La ponctuation est déterminée par le besoin de la respiration et par les divers sens du langage.

4. Les signes de la ponctuation sont :

1er La virgule. (,)
2e Le point-virgule. (;)
3e Les deux-points. (:)
4e Le point. (.)

5ᵉ L'alinéa.
6ᵉ Le point d'interrogation.   (?)
7ᵉ Le point d'exclamation.   (!)
8ᵉ Le trait de séparation.   (-)
9ᵉ Les points de suspension. (...)
10ᵉ Les parenthèses.   (·)
11ᵉ Les guillemets.   (« »)

5. La *virgule* indique la plus faible pause. Elle se place :

1° Entre les parties complexes d'une même phrase qui ne sont pas liées par *et, ou, ni.*

2° Entre deux phrases courtes qui se suivent rapidement.

3° Entre deux phrases liées par une conjonction, mais ayant chacune une signification bien distincte.

4° Avant et après les mots mis en apostrophe; les phrases incidentes, explicatives ou relatives; et les déterminatifs, lorsque la période est longue.

5° Après un sujet suivi d'un régime, lorsque le verbe personnel est sous-entendu.

6° Après une partie logique qui commence la phrase par inversion.

7° Après quelques conjonctions qui indiquent une réflexion ou une préparation : *Or, donc, enfin.*

6. Le *point-virgule* se place :

1° Entre deux phrases, dont la seconde étend ou explique le sens de la première.

2° Entre les diverses parties d'une énumération, lorsque ces parties ont une certaine étendue; ou lorsque chacune d'elles renferme un verbe personnel.

7. Les *deux-points* se placent :

1° Entre deux phrases principales, dont la seconde est une suite ou une conséquence de la première.

2° Après toute phrase qui annonce un discours, une citation, ou une énumération.

8. Le *point* indique le repos le plus long. Il se place après une phrase complète et terminée.

9. L'*alinéa* sert à distinguer les différents objets traités dans un discours ou dans une lettre.

Le *point d'interrogation* se place après les phrases interrogatives.

Le *point d'exclamation* se place après les interjections et les phrases exclamatives.

Le *tiret* annonce le changement d'interlocuteur dans le dialogue.

Les *points de suspension* annoncent que l'orateur est comme oppressé, et qu'il ne laisse échapper que des mots entrecoupés.

Les *parenthèses* isolent une note au milieu d'un discours.

Les *guillemets* se placent au commencement et à la fin des citations.

10. Voici quelques applications des principes de la Ponctuation.

DE LA VIRGULE.

§ 1. Le linot, le pinçon, la fauvette, le chardonneret, détruisent beaucoup de chenilles.

Ces oiseaux sont aimables, gais, légers, vifs et industrieux.

Ils construisent leurs nids avec de la paille, du crin, de la mousse, des plumes.

Ils vont, viennent, volent, marchent, sautillent et voltigent.

§ 2. L'air siffle, le ciel gronde et l'onde au loin mugit.

La barrière s'ouvre, le signal est donné, les coursiers s'élancent et se mêlent.

§ 3. Cet animal m'amuse beaucoup, et m'est très-attaché.

Il obéira, quoiqu'il ait déclaré qu'il me résisterait.

§ 4. Veuillez, monsieur, croire à ma sincérité.

Le serin, qui est un oiseau très-familier, ne peut supporter le froid.

L'aigle, méprisant les insultes des petits animaux, ne les punit de mort, que lorsqu'il a été long-temps provoqué par eux.

Je vous envoie, par ma servante, une petite chienne tachetée.

§ 5. On a toujours raison, le destin, (a) toujours tort.
Il aime le laitage, et non le fromage.

§ 6. A la beauté, elle joint la modestie.

§ 7. Or, vous prétendez; enfin, nous vous prouvons; en conséquence, nous demandons.

DU POINT-VIRGULE.

§ 1. Une bonne éducation est la meilleure dot; elle peut tenir lieu de fortune.

Les moineaux sont, comme les rats, attachés à nos habitations; ils n'aiment ni les bois, ni les vertes campagnes.

§ 2. On peut dire que, de tous les animaux, le chien est le seul dont la fidélité soit à l'épreuve; le seul qui connaisse toujours son maître et les amis de la maison; le seul qui se méfie des inconnus, etc.

DES DEUX-POINTS.

§ 1. Cet homme est dangereux : méfiez-vous de lui.
Hippolyte est toujours heureux et gai : il sait se contenter de peu.
Je citerai ses propres paroles : « Plutôt mourir que de céder ! »
Il dit, en m'abordant : Me reconnaissez-vous ?

DES SUBSTANTIFS COLLECTIFS.

11. On nomme *substantif collectif*, un nom singulier qui exprime une collection, un certain nombre d'êtres.

12. Tout collectif a nécessairement un complément exprimé ou sous-entendu.

13. Les substantifs le plus ordinairement employés comme collectifs, sont : *Quantité, infinité, multitude, troupe, bande, foule, nombre, la plupart, beaucoup, peu, plus, moins, douzaine, centaine, la moitié, le quart,* etc.

14. On nomme COLLECTIF GÉNÉRAL celui qui embrasse la totalité des objets, et COLLECTIF PARTITIF celui qui n'en représente qu'une partie.

15. Le collectif général est ordinairement déterminé par un adjectif défini; c'est à lui que se rapportent le verbe personnel et l'adjectif : *La foule des solliciteurs l'accable ; ce troupeau de moutons est bien tenu.*

16. Le collectif partitif est ordinairement un substantif précédé de *un, une,* un adverbe de quantité, ou *la plupart.*

17. Ce n'est pas au collectif partitif, mais au complément que se rapportent le verbe personnel et l'adjectif : *Une foule de soldats se précipitèrent ; peu de gens se trouvent heureux ; la plupart croient.*

DEGRÉS DE SIGNIFICATION DANS LES ADJECTIFS QUALIFICATIFS ET DANS LES ADVERBES.

18. Les degrés de signification sont : *le positif, le comparatif,* et *le superlatif.*

Le POSITIF exprime simplement la qualité.

Le COMPARATIF exprime la qualité avec comparaison,

D'égalité, par *aussi, autant... que ;*

De supériorité, par *plus, mieux... que ;*

D'infériorité, par *moins, ne, si... que :*

(Exceptions : *meilleur, pire, moindre, pis.*)

Le SUPERLATIF exprime la qualité à un très-grand ou à un très-petit degré.

19. Le superlatif est :

RELATIF, quand il y a comparaison : *Le plus... le moins ;*

ABSOLU, quand il n'y a pas de comparaison : *Très... fort... infiniment.*

Un grand nombre d'adjectifs et d'adverbes ne peuvent s'employer qu'au positif : *Premier, dernier, universel, jamais, demain.*

DES DÉTERMINATIFS.

20. Les adjectifs déterminatifs n'indiquent pas seulement le genre et le nombre des substantifs : ils spécifient encore d'une manière particulière l'objet dont il est question.

21. Les articles, employés seuls, n'ont pas cette propriété. L'emploi de l'article fait donc supposer, ou que le substantif dont il est question est suffisamment déterminé, suffisamment connu de la personne à qui l'on parle ; ou que l'indication est complétée par un adjectif, par un complément, ou par une phrase : *Attelez le cheval.* Là, il est probable que la personne qui reçoit l'ordre, sait de quel cheval on lui parle, et qu'elle ne se trompera pas.

J'ai vendu mon cheval bai. Le cheval est ici spécifié par l'adjectif *mon*, qui marque que le cheval appartient à *moi ;* et par l'adjectif *bai,* qui le distingue des autres chevaux que *je* possède.

Le pied de la table ; l'ouvrage dont je vous parle. Pied et ouvrage sont spécifiés, le premier par le complément ; le second par la phrase relative.

L'emploi d'un article indéfini prouve, ou que le substantif ne peut être déterminé d'une manière spéciale, ou qu'il n'est pas nécessaire qu'il le soit.

22. L'usage ou le besoin règlent l'emploi de l'article. On dit, sans article, *pain de froment,* parce que le mot *froment* est général et suffit à l'intelligence de la phrase ; mais on dira, avec l'article, *clef de la cave,* parce que c'est d'une cave particulière que l'on parle.

23. On nomme sans article la plupart des substantifs désignant des hommes, des villes et des villages ; et avec l'article, les contrées, les fleuves, les rivières, les édifices et les habitations particulières : *Je viens des Tuileries ; je vais au Luxembourg.*

24. L'adjectif déterminatif se répète avant chaque substantif : *L'air et la lumière sont nécessaires à la vie ; mon père et ma mère seront satisfaits.*

Lorsque le substantif déterminé est précédé de plusieurs adjectifs qui le qualifient, on ne répète point le déterminatif. Ex. : *Nos bons et anciens amis.*

Mais si ces adjectifs qualifient des substantifs différents, on doit répéter le déterminatif : *Mes anciens et mes nouveaux amis.*

Les déterminatifs se répètent toujours avant les superlatifs relatifs : *Le cheval le mieux fait et le plus agile* (de tous les chevaux).

25. On doit éviter en général l'emploi des adjectifs possessifs, quand ils se rapportent à des choses. On dit donc : *Paris est beau, j'en admire les édifices*, mieux que *j'admire ses édifices.*

Cet emploi se tolère si la préposition *de* précède le substantif : *J'admire la beauté de ses édifices.*

On dira bien encore :

Chaque maison a sa cour et son jardin ;

Toute bonne action porte avec soi sa récompense.

26. Quand l'objet possesseur est suffisamment déterminé par le sens de la phrase, on remplace l'adjectif possessif par l'article : *Il a mal à la tête*, et non pas *à sa tête.*

27. L'adjectif qualificatif doit être placé de telle manière que, en le faisant précéder de la question *qui est-ce qui est*, le mot qui sert de réponse se trouve sur-le-champ.

28. On ne doit pas appliquer aux personnes des adjectifs qui ne conviennent qu'aux choses, et aux choses des adjectifs qui ne conviennent qu'aux personnes. On ne dira donc pas : *Un homme impardonnable ; un événement illustre ;* mais on dira : *Un homme indigne de pardon ; un événement mémorable.*

29. Dans les superlatifs relatifs, si la qualité est comparée dans différents sujets, l'article est variable : *Ces soldats sont* LES PLUS *vaillants de l'armée.* Mais si la qualité est comparée avec elle-même dans le même sujet, *le plus*, *le moins* deviennent locutions adverbiales.

Ex. : *C'est en 1787 que la Seine s'est* LE PLUS *élevée.*

C'est en Égypte que ces soldats se sont montrés LE PLUS *courageux.*

30. La place des adjectifs qualificatifs modifie quelquefois le sens de l'expression ; ainsi :

Un grand homme,	n'est pas toujours	*un homme grand.*
Un honnête homme,	—	*un homme honnête.*
Un pauvre artiste,	—	*un artiste pauvre.*
Un brave homme,	—	*un homme brave.*

Par politesse, on remplace à la seconde personne le singulier du verbe personnel par le pluriel ; mais l'adjectif doit rester au singulier : *Madame, êtes-vous blessée ?*

SYNTAXE DES PRONOMS.

31. Les pronoms, dans leur emploi, ne doivent jamais présenter un sens équivoque ; on doit reconnaître sur-le-champ de quel substantif ils tiennent la place.

Il ne faut pas dire : *Le chien chérit son maître, il n'a pas d'ami plus fidèle ;* mais, *celui-ci n'a pas.* Ne dites pas : *J'ai acheté une image pour Luc qui est dans mon portefeuille ;* mais, *j'ai acheté pour Luc, une image qui est dans mon portefeuille.*

32. Les pronoms personnels de la troisième personne, se rapportant à des noms de choses inanimées, se remplacent par *le, la, les : Sont-ce là vos champs ? Ce les sont,* et non, *ce sont eux.*

33. Les pronoms *lui, leur, eux,* régimes indirects, se rapportent ordinairement aux personnes.

Les pronoms *en* et *y* représentent mieux les choses et les pronoms indéfinis :

Cette nouvelle est fausse, personne n'y croira,
On jase sur votre compte ; faites-y attention.

34. *Soi* remplace ordinairement les pronoms indéfinis. On ne l'emploie en parlant des personnes, que pour éviter l'équivoque. Ex.: *L'élève qui écoute son maître, travaille pour soi.*

35. Quand on a parlé de deux personnes ou de deux choses, on les remplace dans la phrase qui suit, par *celui-ci* et *celui-là, l'un* et *l'autre, le premier* et *le second ;* en ayant soin de représenter le premier objet énoncé par *le premier, celui-là,* et *l'autre ;* et le second par *l'un, celui-ci, le second.*

Ex. : *Jules et Léon se ressemblent peu : le premier* (Jules) *est plus doux, le second* (Léon) *plus taquin.*
Celui-ci (Léon) *est plus ouvert, celui-là* (Jules) *plus réservé.*
L'un (Léon) *travaille plus vite, l'autre* (Jules) *plus long-temps.*
Ceci représente ce qui est plus proche, *cela,* ce qui est plus éloigné.
Ceci, voici, se rapportent à ce qu'on va dire; *cela, voilà,* à ce qu'on a dit : *Cela dit, maître loup s'enfuit et court encore.*

36. Après le pronom démonstratif *ce*, le verbe personnel *être* s'emploie au singulier avant *nous, vous*, et avant plusieurs substantifs au singulier; mais il se met au pluriel avant un substantif ou un pronom au pluriel. Ex. : *C'est nous, c'est vous, c'était Paul et Jean; ce furent eux.*

Néanmoins, en interrogeant, on met le verbe *être* au singulier avec *eux, elles* seulement, excepté à l'imparfait et aux deux conditionnels.
Ex., au singulier : *Est-ce eux? sera-ce elles?* Au pluriel : *Etaient-ce eux? seraient-ce elles?*

37. Le pronom *le*, remplaçant un substantif ou un adjectif précédé d'un déterminatif, est variable.
S'il remplace un verbe, un adjectif ou un substantif indéterminé, il reste invariable.
Etes-vous *la maîtresse* de la maison? Je *la* suis.
Etes-vous *maîtresse* de cette maison? Je *le* suis.
Etes-vous *les amis* de cet homme? Nous *les* sommes.
Etes-vous *amis* de cet homme? Nous *le* sommes.

38. Le pronom relatif doit être, autant que possible, rapproché de son antécédent.
Qui, précédé d'une préposition, s'emploie ordinairement pour les personnes : *Le maître de qui je dépends.*
Cependant on se sert de *lequel, duquel, auquel,* si l'on veut distinguer une personne entre plusieurs.
Ex. : *Ces gens m'étourdissent, je ne sais auquel* (de ces gens) *répondre.*
J'ai dix amis, je ne sais lequel (de ces amis) *consulter.*

39. Une préposition placée avant l'antécédent

d'un pronom relatif, ne doit pas se répéter avec le pronom lui-même.

Ne dites pas :

C'est à vous à qui je veux parler.

C'est de lui dont j'ai besoin.

Mais : *C'est à vous que, c'est vous à qui je veux parler. C'est de lui que, c'est lui dont j'ai besoin.*

40. *Quelque chose, rien, quelqu'un,* doivent être séparés de l'adjectif qui les suit par la préposition *de* : *Quelque chose de bon, rien de sûr; est-il au monde quelqu'un de plus heureux ?*

41. D'où est pronom relatif de localité : *Le lieu d'où je viens.*

Dont est pronom relatif d'origine : *La race dont il sort.*

42. Le pronom on doit recevoir un attribut féminin ou pluriel, lorsque le sens de son emploi est bien évident. Ex. : On *est heureuse d'être mère; Ici l'on est égaux* (inscription d'un cimetière).

Le même pronom, sujet de plusieurs verbes, se répète pour chacun d'eux : *On espère, on attend, et l'on meurt.*

Le pronom on ne peut, dans la même phrase, remplacer des personnes différentes: *On apprend à l'instant qu'on s'est emparé de la ville.*

43. Personne, sans déterminatif, est toujours pronom indéfini.

L'un l'autre exprime la réciprocité : *Ils s'aiment l'un l'autre.*

L'un et l'autre exprime la pluralité : *Ils iront l'un et l'autre.*

44. Les pronoms démonstratifs non suivis de CI et LA, ne doivent pas être immédiatement suivis d'un adjectif : *Ceux grands, celles belles,* sont des expressions vicieuses.

45. *Chacun*, précédé d'une phrase au pluriel, et placé entre deux virgules, demande que l'adjectif possessif qui le suit soit écrit par *leur, leurs;* on emploie *son, sa, ses,* si *chacun* est réuni à la dernière partie de la phrase.

Ainsi on peut écrire indifféremment

Les convives avaient apporté, chacun, leur couvert, ou *avaient apporté, chacun son couvert.*

Ils ont amené, chacun, leurs amis ; ou , *chacun ses amis.*

Ils ont voté, chacun, à leur tour; ou , *ils ont voté, chacun à son tour.*

SUPPLÉMENT A LA SYNTAXE DE L'ATTRIBUT.

46. L'attribut doit toujours se rapporter à un substantif bien évident et bien déterminé.

Cette phrase est vicieuse : *Plein de résolution, le danger ne saurait l'effrayer. Plein* semble se rapporter à *danger.* Il faut changer la phrase et dire : *Il est plein de résolution, et le danger ne saurait l'effrayer.*

Ceci serait encore moins correct : *Plein de résolution, le danger redouble son courage;* car *plein* qualifierait un substantif qui n'existe pas dans la phrase.

SYNTAXE DES VERBES.

DE L'EMPLOI DES MODES ET DES TEMPS PERSONNELS.

47. L'INDICATIF.	Exprime que la chose est, a été, ou sera.	
PRÉSENT, 1 temps.	Indique un fait qui s'accomplit au moment de la parole.	Je *chante.*
	Il exprime encore une vérité de tous les temps.	Dieu *est* juste; le soleil nous *éclaire.*
	Il remplace le passé pour animer la narration.	Tout-à-coup il *s'arrête, tombe* et *meurt.*
	Il s'emploie encore pour un futur prochain.	J'y *cours* et *reviens* ensuite à vous.
PASSÉ, 5 temps. 1° IMPARFAIT.	Indique un fait qui s'accomplissait dans un temps passé, qui alors était le temps présent.	Quand j'étais jeune, je *chantais.*

	S'emploie avec *si* conditionnel.	Si *j'étais* riche, je vous aiderais.
2° Passé indéfini.	Marque que le fait s'est accompli dans un temps peu éloigné, ou qui n'est pas entièrement écoulé (1).	Cette année, ce matin, j'ai bien *travaillé*.
3° Passé défini.	Marque que le fait s'est accompli dans un temps complètement écoulé.	Après l'action il *visita* le champ de bataille, *fit* relever les blessés et enterrer les morts.
4° 1ᵉʳ Passé antérieur.	Indique que le fait s'est accompli immédiatement avant un autre également passé.	Quand j'*eus parlé*, je sortis.
Le 2ᵐᵉ.	Indique un temps plus rapproché.	Quand j'*ai eu fini* mon devoir, je suis parti.
5° Plus-que-parfait.	Indique que le fait était accompli, lorsqu'un autre s'accomplissait.	Quand le maître arrivait, j'*avais* toujours *fini* mon devoir.
FUTUR, 2 temps. 1° Futur présent.	Indique que le fait s'accomplira dans l'avenir.	Quand j'*irai* à la noce, je *danserai*.
2° Futur passé	Indique que le fait s'accomplira avant un autre.	Je sortirai quand j'*aurai fini*.
LE CONDITIONNEL. 3 temps. 1° Présent.	Indique que le fait s'accomplirait maintenant ou plus tard moyennant une condition.	Si maman le voulait, j'*irais* me promener.
2° Passé. 3° Passé antérieur.	Indiquent que le fait se serait accompli dans le temps passé, moyennant une condition.	Si maman l'avait permis, j'*aurais* ou j'*eusse joué*. Si je n'avais pas été dérangé, j'*aurais eu fini* avant qu'il n'arrivât.
L'IMPÉRATIF. 1 temps.	S'emploie pour ordonner ou prier d'agir, soit au présent, soit au futur.	*Partez* tout de suite; aussitôt arrivé, *écrivez-nous*.

-----

(1) Si un événement ancien est le sujet d'un examen actuel, on peut employer le passé indéfini : *Je crois que ce fait s'est passé sous Charlemagne.*

48. Le SUBJONCTIF est le mode de la nécessité, du désir, du doute, de l'incertitude et de l'interrogation.

49. Tout verbe au subjonctif est précédé d'un temps de l'indicatif : le temps de l'indicatif détermine à quel temps du subjonctif peut être employé le second verbe.

Le PRÉSENT DU SUBJONCTIF peut être précédé de trois temps :

Du PRÉSENT.	Il faut	
Du FUTUR SIMPLE.	Il faudra	que tu viennes.
Du FUTUR ANTÉRIEUR.	Il aura fallu	

L'IMPARFAIT DU SUBJONCTIF peut être précédé de six temps :

De l'IMPARFAIT.	Je voulais	
Du PASSÉ INDÉFINI.	J'ai voulu	
Du PASSÉ DÉFINI.	Je voulus	
Du PLUS-QUE-PARFAIT.	J'avais voulu	que tu partisses
Du CONDIT^{el} PRÉSENT.	Je voudrais	
Du CONDITIONNEL PASSÉ.	J'aurais voulu	

Le PASSÉ DU SUBJONCTIF peut être précédé de quatre temps :

Du PRÉSENT.	Il faut	
Du PASSÉ INDÉFINI.	Il a fallu	que j'aie écrit.
Du FUTUR SIMPLE.	Il faudra	
Du FUTUR ANTÉRIEUR.	Il aura fallu	

Le PLUS-QUE-PARFAIT DU SUBJONCTIF peut être précédé de six temps :

De l'IMPARFAIT.	Tu exigeais	
Du PASSÉ DÉFINI.	Tu exigeas	
Du PASSÉ INDÉFINI.	Tu as exigé	que j'eusse fini.
Du PLUS-QUE-PARFAIT.	Tu avais exigé	
Du CONDITIONNEL.	Tu exigerais	
Du CONDITIONNEL PASSÉ.	Tu aurais exigé	

50. 1° On emploie encore le subjonctif :

1° Après *quelque, quel que, quoique* et *tout* adverbe,

2° Après plusieurs conjonctions : *Afin que, à moins que, de peur que, sans que, quoique, jusqu'à ce que,* etc.

3° Après les pronoms qui sont relatifs :

Aux superlatifs précédés de l'article;

Aux mots suivants ou à leurs équivalents : *Nul, aucun, rien, le seul, le peu, le plus, le moins.*

Ex. : *Le plus grand désir que j'aie.*

C'est le seul qui me plaise.

C'est le moins que je puisse faire.

Il n'est personne qui en soit plus certain.

51. Le verbe, quoique précédé d'un temps passé, reste au présent du subjonctif, s'il exprime une vérité de tous les temps.

Ex. : *Dieu nous a donné l'intelligence pour que nous puissions le comprendre et l'adorer.*

52. 2° Quand on veut exprimer positivement l'affirmation, on met le second verbe à l'indicatif.

Ex. : *Je cherche un homme que je connais.* Ici, point de doute, l'homme est connu.

Je cherche un homme que je connaisse. Ici, il y a doute, incertitude sur la personne qu'on peut, ou qu'on désire rencontrer.

53. Tout verbe personnel a un sujet exprimé ou sous-entendu.

54. Le verbe, quoique ayant plusieurs sujets, se met au singulier :

1° Quand les sujets expriment une même idée. *Son ingénuité, sa candeur est charmante.*

2° Quand les sujets sont de la troisième personne et unis par la conjonction alternative *ou* Ex. : *L'un ou l'autre me payera.* Cependant si le fait est, ou peut être commun aux deux sujets, le verbe se met au pluriel. Ex. : *L'un ou l'autre m'ont trompé.*

3° Quand tous les sujets sont résumés par un seul : *Tout, rien, personne.*

4° Quand le dernier sujet l'emporte en énergie ou en importance sur les autres : *Votre tranquillité, votre santé, votre vie est exposée.*

5° Quand l'un des sujets ne figure que par comparaison : *Le juste, aussi bien que le sage, du malheur sait tirer avantage.*

6° Quand chacun des sujets est précédé des mots *tout* ou *chaque* : *Tout enfant, toute personne était soumise à cette loi.*

Après le substantif collectif (qui comprend une collection d'êtres), le verbe se met au singulier si le sujet est collectif général. *L'armée des Français s'est mise en marche.*

Le verbe se met au pluriel si le sujet est collectif partitif : *Une nuée d'abeilles se sont élancées de la ruche.*

Après les pronoms indéfinis *un de*, *un des*, l'accord du verbe se règle d'après la signification de la phrase.

C'est un de mes amis qui m'a donné ce livre.

Ce livre m'a été donné par un des amis qui sont venus me visiter.

Si les sujets ont un attribut placé après le verbe, l'attribut suit la règle du verbe : *Le fer, le bandeau, la flamme est toute prête.*

Le sens ou l'élégance déterminent quelquefois les auteurs à s'écarter de ces règles.

55. On doit éviter autant que possible de répéter inutilement le sujet : *Cet homme, il m'ennuie*, est une phrase dure et incorrecte.

56. Le même mot peut être régime direct de plusieurs verbes ; mais il ne peut être à la fois régime direct d'un verbe, et régime indirect d'un autre : on doit alors le répéter pour chaque verbe.

Ne dites pas : *J'aime et je m'intéresse à cet enfant ;* mais : *J'aime cet enfant et je m'intéresse à lui.*

Les pronoms personnels, régimes et placés avant les verbes, se répètent devant les temps simples : *Il me voit et m'aborde.* Cette répétition n'est pas nécessaire devant les temps composés : *Il nous a vus et abordés.*

57. Il faut bien se garder, dans la construction, de donner aux verbes d'autres régimes que ceux qu'ils peuvent recevoir.

Ne dites pas : *Ils se sont nui les uns les autres. Je les ai pardonnés ;* mais : *Ils se sont nui les uns aux autres. Je leur ai pardonné.*

Nuire et *pardonner* sont verbes neutres.

Cette règle s'applique aussi aux adjectifs.

Ne dites pas : *Je suis sensible, satisfait de cette nouvelle ;* mais : *Je suis sensible à cette nouvelle, et j'en suis satisfait.*

58. Les verbes *baigner, promener, coucher,* ne doivent jamais s'employer sans régime direct.

Ne dites pas : *Je vais baigner, promener, coucher ;* mais : *Je vais me baigner, me promener, me coucher.*

59. Les conjonctions *et, ni, ou,* ne peuvent lier plusieurs régimes que lorsqu'ils sont de même nature.

Ne dites pas : *Il aime le jeu et courir,* car l'un est verbe et l'autre substantif ; mais : *Il aime à jouer et à courir.*

Ne dites pas : *Il compte partir demain, et qu'il arrivera à temps ;* mais : *Il compte partir demain et arriver à temps.*

60. Comme l'infinitif s'emploie tantôt comme sujet et tantôt comme régime, on doit veiller à ce qu'il n'en résulte aucune équivoque ; ainsi, on ne dira pas : *C'est pour donner que le Seigneur nous donne ;* mais : *C'est pour que nous donnions, que le Seigneur nous donne.*

En général, on doit éviter l'abus des infinitifs ; ne dites pas : *Il pense pouvoir faire admettre cet usage ;* mais : *Il pense qu'il pourra faire admettre.*

DES VERBES AUXILIAIRES.

61. Tous les verbes actifs simples ont *avoir* pour auxiliaire.

Tous les verbes passifs se conjuguent avec *être.*

Le verbe *être* est aussi l'unique auxiliaire de tous les verbes pronominaux ; mais, joint à ces verbes, il prend la signification et la valeur du verbe *avoir* : *Ils se sont battus les uns les autres*, est bien la même chose que : *Les uns ont battu les autres*.

62. Les mêmes temps du verbe *être*, employés comme auxiliaires, indiquent dans le verbe passif d'autres temps que dans le verbe neutre.

VERBE PASSIF.	TEMPS.	VERBE NEUTRE.	TEMPS
Être aimé.	Infinit. présent.	*Être parti.*	Infinitif passé.
Étant aimé.	Part. présent.	*Étant parti.*	Part. pas. comp.
Je suis aimé.	Indic. présent	*Je suis parti.*	Passé indéfini.
J'étais aimé.	Imparfait.	*J'étais parti.*	Plus-que-parf.
Je fus aimé.	Passé indéfini.	*Je fus parti.*	Passé antér.
Je serai aimé.	Futur simple.	*Je serai parti.*	Futur antér.
Je serais aimé.	Cond. présent.	*Je serais parti.*	Condit. passé.
Que je sois aimé.	Subj. présent.	*Que je sois parti.*	Passé subjonct.
Que je fusse aimé.	Imparf. subj.	*Que je fusse parti.*	Plus-que-passé.

63. Des verbes neutres, les uns se conjuguent toujours avec *être*, comme *mourir, sortir, partir*; d'autres, toujours avec *avoir*, tels que *dîner, courir, appartenir*. Plusieurs se conjuguent, tantôt avec *être*, tantôt avec *avoir*, selon l'acception dans laquelle on les prend. On emploie le verbe *avoir*, si on veut indiquer une action physique ou intellectuelle; et le verbe *être*, lorsqu'on veut désigner seulement l'état, ou la manière d'être.

EXEMPLES :

Ce météore *a* disparu peu à peu. — Il *est* disparu depuis huit jours.

Le vaisseau *a* échoué hier soir. — Voyez : il *est* échoué sur la côte.

La goutte *a* cessé de le tourmenter ; mais *est*-elle bien cessée ?

Le cerf *a* échappé aux chiens ; ceux-ci sont honteux de ce qu'il leur *est* échappé.

En deux jours la Seine *a* crû de deux pieds ; mais elle *est* décrue d'un pied depuis hier.

Il *a* resté six mois à Marseille : puis il y *est* resté mort.

Aussitôt votre ordre reçu, il *a* parti : il y a donc deux heures qu'il *est* parti.

Il en est de même des verbes *demeurer, monter, passer*, etc., etc

Convenir, être convenable, prend AVOIR.

Convenir, être d'accord, prend ÊTRE.

Ex. : *Nous sommes convenus d'acheter ce qui ne nous avait pas convenu d'abord.*

64. Quand un verbe a un régime direct et un régime indirect, on place ordinairement le plus court le premier, et s'ils sont égaux, on place le régime direct le premier.

Les verbes qui peuvent être l'objet de remarques particulières sont réunis en un tableau à a suite des verbes.

65. Il faut souvent faire attention à la manière dont on place un adverbe. Il ne faudrait pas dire, en mettant l'adverbe après le verbe : *Ces oiseaux se nourrissent non seulement de grains, mais ils peuvent aussi vivre d'insectes.* Il faudrait dire : *Non seulement ces oiseaux se nourrissent de grains, mais ils peuvent aussi vivre d'insectes :* chaque verbe différent aurait alors son modificatif propre.

Ou bien on peut dire encore : *Ces oiseaux se nourrissent, non seulement de grains, mais encore d'insectes.* Dans ce cas, le même verbe, une fois exprimé, une fois sous-entendu, reçoit les deux adverbes.

SYNTAXE DES MOTS INVARIABLES.
DES ADVERBES.

66. L'adverbe n'a jamais de régime.

Alentour, auparavant, davantage, sont adverbes ; néanmoins, *davantage* peut recevoir le complément *en;* dans ce cas seul il est pris substantivement : *J'en ai reçu davantage.*

Davantage remplace mieux *plus* que *le plus;* ainsi, on dira bien : *Je l'en aime davantage;* et, *c'est lui que j'aime le plus.*

De suite signifie *à la suite l'un de l'autre, sans interruption : Il a rempli trois tonneaux de suite.*

Tout de suite signifie *immédiatement : Obéissez tout de suite.*

Tout d'un coup s'emploie pour *en un seul coup, en une seule fois.*

3*

Tout-a-coup veut dire *à l'improviste*.

Aussitôt est adverbe et ne peut recevoir de régime immédiat ; mais il peut concourir à former la locution prépositive *aussitôt après*.

L'Académie écrit cependant : *Aussitôt votre lettre reçue*.

DES EXPRESSIONS NÉGATIVES.

67. Les négations s'expriment par *ne*, par *non* et par *ni*. Les deux dernières s'emploient seules. *Ne*, au contraire, est presque toujours uni à un des mots *pas, point, guère, rien, jamais, aucun, nul, personne, nullement* et *plus* adverbe de temps : quand ces mots sont employés sans négation, c'est par ellipse et seulement en réponse : *Irez-vous? Jamais*, pour *je n'irai jamais*.

Jamais s'emploie cependant d'une manière absolue : *C'est un homme heureux, s'il en fut jamais*.

Pas et point se suppriment, lorsque *ni* se trouve répété dans la même phrase : *Ils n'iront ni l'un ni l'autre*.

Pas et *point* se retranchent de la négation, avec le verbe *savoir* suivi d'un régime : *Je ne sais, je ne saurais vous le dire*.

Les écrivains suppriment parfois ces deux mots, pour donner plus de naïveté et plus de grâce à l'expression.

68. L'adverbe *ne* n'exprime pas toujours la négation. On l'emploie encore :

1° Dans une phrase subordonnée à celle dans laquelle se trouve un adjectif, ou un adverbe marquant une différence, une comparaison inégale.

Ex. : { *Il est meilleur que je ne le croyais.*
{ *Il est autrement grand qu'il n'était.*
{ *Il est autre qu'il ne le paraît.*

Toutefois cet emploi n'a pas lieu si la phrase principale est négative ou interrogative.

Ex. : { *Il n'est pas plus avancé aujourd'hui qu'il l'était hier.*
{ *Puis-je mieux remplir mes devoirs que je le fais ?*
{ *Il n'est pas autre qu'il le paraît.*

2° Après les conjonctions *de crainte que, de peur que, à moins que*.

3° Après *avant que*, si la phrase exprime la crainte, le désir ou le commandement : *Hâtez-vous avant qu'il n'arrive*.

4° Après les verbes *craindre, prendre garde, empêcher*, s'ils ne sont pas eux-mêmes accompagnés d'une négation, ou de *sans*.

Je crains qu'il ne parte.

Je ne crains pas qu'il parte.

Empêchez qu'il ne le voie.

N'empêchez pas qu'il le voie.

Je lui ai parlé sans craindre qu'il se fâchât.

On ajoute *pas* ou *point*, lorsqu'on désire que le fait s'accomplisse : *Je crains qu'il ne parte pas.*

5° Après les verbes *douter, nier, désespérer, disconvenir*, quand ils sont eux-mêmes accompagnés de *ne*: Ex. : *Je doute qu'il vienne. Je ne doute pas qu'il ne vienne.*

L'emploi de la négation est facultatif, quand ces verbes sont employés interrogativement : *Nierez-vous que vous l'avez vue, ou que vous ne l'ayez vue ?*

6° Après les impersonnels *il tient à peu, il ne tient pas à, il ne s'en faut pas, il s'en faut peu, guère.*

Il ne tient pas à moi qu'il ne réussisse.

Il a tenu à peu qu'il ne fût chassé.

Il s'en est peu fallu qu'il ne tombât.

Mais on dit sans négation :

Il s'en faut de beaucoup qu'il y atteigne.

DES PRÉPOSITIONS.

69. *A, de, en, par,* se répètent avant chaque régime.

A, entre deux adjectifs de nombre, laisse supposer qu'on peut exprimer une quantité intermédiaire : *Il faut cinq à six heures pour faire ce voyage; ils étaient quinze à vingt.*

S'il ne peut exister de nombre intermédiaire, on emploie *ou* : *J'ai pris cinq ou six œufs.*

70. Le même mot peut être régime de deux prépositions : *Envers et contre tous ;* mais si le complément se lie différemment à chacune d'elles, il faut le répéter ou changer la phrase.

On ne dira pas : *J'agirai d'après et en faveur de lui;* mais, *d'après lui et en sa faveur.*

71. *Jusqu'aujourd'hui, jusqu'à aujourd'hui,* peuvent s'employer indifféremment.

Durant signifie *pendant toute la durée ;* PENDANT remplace *tandis que* avec un verbe : *Pendant son sommeil,* pour *Tandis qu'il sommeillait.*

VIS-A-VIS exprime une opposition de lieu, et ne doit pas s'employer pour *envers, à l'égard de.*

VOICI indique ce qui suit, et VOILA, ce qui précède : *Voilà sa lettre : voici ma réponse.*

AU TRAVERS DE convient mieux pour exprimer l'obstacle, la résistance vaincue, que *à travers le... la... les...*

DES CONJONCTIONS ET DES INTERJECTIONS.

72. Souvent la conjonction se trouve, par inversion, commencer la période. On fait volontiers cette inversion, quand la phrase conjonctive est la plus courte.

Et lie les phrases affirmatives, *ni* unit les propositions négatives.

Lorsqu'on emploie *sans*, on dit indifféremment : *Sans force et sans courage*, ou *sans force ni courage*.

73. *Que* sert à éviter la répétition d'un grand nombre de conjonctions, *quand, puisque, si*, etc.: *Si vous le voulez, et que votre père y consente, nous partirons*.

74. Dans les interjections *ho, oh; ha, ah; hé, eh*, celles qui commencent par *h* indiquent une émotion vive, subite, et qui n'a rien de douloureux. Celles qui commencent par **la** voyelle expriment une impression plus profonde. Les premières doivent se prononcer avec plus de vivacité.

O s'emploie en apostrophe et en déclamation : *ô mon Dieu! ô temps! ô douleur !*

Il ne faut pas confondre *hélas!* signe d'affliction, avec *hé, là!* expression de familiarité et de dérision.

SUPPLÉMENT A L'ANALYSE LOGIQUE.

75. Les phrases, quelle que soit leur nature, se désignent sous le nom général de *propositions*.

On nomme PROPOSITION tout assemblage de mots formant un sens affirmatif, négatif, douteux, ou impératif.

Tout verbe personnel annonce une proposition.

76. Trois parties essentielles forment la proposition : le SUJET, le VERBE et l'ATTRIBUT.

Dieu	est	éternel.
Sujet	Verbe	Attribut.

77. Le verbe *être* est le principe de toute proposition; mais, dans les autres verbes, il est intimement uni à l'attribut. Ainsi cette phrase : *Le temps paraît beau*, équivaut à celle-ci : *Le temps est paraissant beau. Nous jouons* peut se traduire par *nous sommes jouant.*

78. Chaque membre d'une phrase peut être unique ou multiple : ainsi, un verbe peut avoir un, ou plusieurs sujets; un, ou plusieurs régimes; un seul substantif peut être sujet de plusieurs verbes; un substantif peut avoir un, ou plusieurs attributs.

79. Dans cette phrase : *Les chiens sont fidèles*, le sujet, le verbe et l'attribut sont uniques, quoiqu'ils soient au pluriel.

Dans cette autre : *Le léopard et le tigre dévorent leur proie*, le sujet est multiple, le verbe et le régime sont uniques.

80. On nomme *simple* toute partie logique énoncée seule, sans modificatif et sans complément; on nomme *complexe* celle dont la signification est complétée par un modificatif ou par un complément.

Ex. : *J'ai fini mon devoir.*

Ici toutes les parties sont simples.

Les hommes bienfaisants sont agréables à Dieu.

Dans cette phrase, le sujet et l'attribut sont complexes, *les hommes*, à cause de l'adjectif *bienfaisants;* et *agréables*, à cause du complément *à Dieu.*

81. Phrase analysée : *Les parents ne peuvent aimer un enfant paresseux.*

Les parents, sujet unique et simple; *(peuvent* pour *sont pouvant); sont* verbe, *pouvant* attribut de *parents*, complexe à cause de l'adverbe *ne* et du complément direct *aimer; un enfant paresseux*, régime direct du verbe *aimer*, complexe à cause de *paresseux.*

82. On voit que les mots complémentaires peuvent eux-mêmes recevoir des régimes et des compléments. Dans la phrase citée, l'infinitif *aimer*, ou *être aimant*, complément de *pouvant*, reçoit le régime *enfant*, modifié lui-même par l'adjectif *paresseux.*

83. Les propositions, selon les fonctions qu'elles remplissent dans le discours, peuvent être appelées : *Principales, complètes* ou *absolues, incomplètes, complétives, déterminatives, explicatives* et *incidentes.*

84. *La proposition principale* est celle qui renferme l'idée essentielle de la phrase. Ex. : *J'irai, quoiqu'il me le défende. J'irai* est la proposition principale.

85. La *proposition complète* ou *absolue* est celle qui présente par elle-même un sens fini. Dans l'exemple présenté, les deux phrases sont complètes.

86. La *proposition incomplète* laisse l'attention en suspens, jusqu'à ce que le sens soit complété par une autre proposition. Ex. : *Dites-lui que....; nous désirons....; ils assurent....*

87. La *proposition complétive* achève le sens : elle contient souvent l'idée principale. Ex. : *Dites-lui que... je refuse; nous désirons... que vous terminiez cette affaire; ils assurent... que la lettre est partie.*

88. La *proposition déterminative* se joint toujours par un pronom relatif au sujet ou à l'attribut, pour en spécifier particulièrement la nature. Ex. : *L'ouvrier, qui a été blessé, se porte mieux; qui a été* *blessé* indique, de manière à prévenir toute erreur, l'homme dont on veut parler. *J'ai rapporté la plante... que vous m'avez demandée; Ce cheval est celui... dont je vous ai parlé.* La plante et le cheval sont spécialement déterminés.

89. La *proposition explicative* commence par un pronom ou par une conjonction : elle a pour but d'expliquer les circonstances de cause, de but, de manière, de consentement, d'opposition ou de condition, qui accompagnent la proposition principale.

90. La *proposition explicative*, commençant par un pronom relatif, se distingue de la proposition déterminative, en ce qu'elle peut toujours être construite avec une conjonction, en remplacement du pronom. Ainsi : *Votre père, qui est indulgent, vous pardonnera;* on peut dire : *Votre père vous pardonnera parce qu'il est indulgent.*

Les soldats, qu'il avait harangués, jurèrent de le suivre; on peut dire : *Les soldats, après qu'il les eut harangués, jurèrent de le suivre.*

91. La *proposition incidente* est une phrase placée au milieu d'un discours, et qui peut être supprimée sans que le sens principal en soit altéré. Ex. : *Dit-on, à ce que je crois, soit dit entre nous;* et ce vers de Lafontaine :

> Un lièvre en son gîte songeait,
> *Car, que faire en un gîte, à moins que l'on ne songe.*

92. La *période* se compose de plusieurs phrases séparées, mais dont les unes développent et expliquent les autres, de manière à former un sens plus étendu et plus complet.

OBSERVATIONS GÉNÉRALES.

93. Le langage est la manière de s'exprimer propre à chacun; le style s'entend surtout de l'art d'écrire.

94. La clarté est la qualité essentielle du langage : le choix convenable des mots et l'élégance de la construction forment les agréments du style.

95. Le choix des mots doit être réglé par la nature du sujet, par l'usage et par le bon goût.

Il y a des mots qui, comme on l'a dit, hurlent de se trouver ensemble : ainsi, personne n'oserait dire : *Sa lente activité; jouir d'une mauvaise réputation; une année fertile en malheurs.*

96. Les équivoques du langage doivent être évitées avec le plus grand soin; les compléments

et les déterminatifs doivent donc toujours être placés de manière que l'esprit saisisse sans dif-ficulté les rapports qu'ils expriment.

97. Les homonymes, avons-nous dit, se ressemblent par la pronon-ciation, et expriment des idées différentes. Les synonymes, au con-traire, ont une signification à peu près pareille, et diffèrent par la prononciation.

Les homonymes donnent lieu à ce qu'on appelle si improprement *des bons mots*. Les calembourgs ne sont autre chose que des équi-voques amenées avec plus ou moins d'habileté. Ces jeux d'esprit sont rarement de bon goût.

98. Les synonymes s'emploient pour éviter la répétition d'un même mot; mais, comme chacun d'eux a une expression propre, on ne doit en user qu'avec réserve. Ainsi, *rêve, songe, rêverie*, sont syno-nymes : mais le *rêve* est l'erreur de l'esprit, le *songe* est la suite ou la méditation du rêve, et la *rêverie* est l'état du songeur.

Illustre, célèbre, fameux, sont synonymes : mais le premier est plus honorable, le second l'est moins, et le troisième fort peu.

99. La répétition fréquente des mêmes expressions, l'accumulation pressée des mêmes consonnances, produisent un effet désagréable qu'il faut éviter. Cette observation s'applique surtout à l'emploi immodéré que font un grand nombre de personnes des mots *que, qui, comme, on, pour, car, de sorte que*, etc.

100. L'*hiatus* est le son confus et désagréable qui résulte de la prononciation successive de plusieurs voyelles : *Il a eu à haïr ses enfants.* On doit l'éviter avec soin.

101. L'*inversion* donne quelquefois bien de la grâce au discours : elle est fréquemment em-ployée en poésie; mais il faut bien prendre garde, dans la transposition qu'elle occasionne, de séparer ce qui, pour l'intelligence du sens, doit rester uni.

102. On nomme *expression figurée* l'emploi de mots substitués par l'imagination aux expressions plus exactes.

En voici quelques exemples :

Un lion,	pour	Un homme courageux.
10,000 âmes,		10,000 habitants.
Un Caton,		Un homme sage.
Homme sans cœur,		Sans délicatesse.
A mes yeux,		Selon mon jugement.
Le feu de la passion,		La violence de la passion.
Le cristal des ondes,		La transparence de l'eau.
Un astre brillant,		Un personnage éminent et célèbre.

On ne doit faire usage des expressions figurées que lorsqu'on est bien sûr d'en connaître le sens et la portée ; autrement, on courrait le risque d'être ridicule.

103. Il faut se garder d'employer les mots qui présentent à l'esprit des idées peu délicates ; tels que : *Il a un fameux front ; tu as du toupet ; je suis échiné*, etc.

104. Le *pléonasme* donne parfois de l'énergie au discours ; mais son emploi n'est pas toujours heureux : il est plus prudent de ne pas s'en servir.

105. L'*ellipse*, qui consiste à retrancher certaines parties logiques, donne au discours plus d'élégance et de concision ; mais cet avantage ne s'obtient souvent qu'aux dépens de la clarté. On ne doit s'en permettre l'emploi, que lorsqu'il est bien évident que le sens et la lucidité de la phrase n'en sont pas altérés.

Tableaux de la première Partie.

LETTRES ET MOTS.

Voyelles simples : *a*, *e*, *é*, *è*, *i*, *o*, *u*, *y*.

Consonnes simples : *b*, *c*, *d*, *f*, *g*, *h*, *j*, *k*, *l*, *m*, *n*, *p*, *q*, *r*, *s*, *t*, *v*, *x*, *z* (1).

Voyelles composées : *eu*, *ou*, *ai*, *an*, *in*, *on*, *un*, *oi*, *w* (2), etc.

Consonnes composées : *bl*, *cl*, *dr*, *ps*, *st*, *ch*, *ph*, *chr*, etc.

Monosyllabes : *Loi*, *nous*, *tous*, *pain*, *vin*, etc.

Dissyllabes : *Paris*, *poulet*, *toujours*, etc.

Diphthongues : *Bien*, *chien*, *loin*, *foin*, etc.

SUBSTANTIFS.

Substantifs communs : *Table*, *école*, *nid*, etc.

Substantifs propres : *Lucien*, *Julie*, *Paris*, *Angleterre*, *Loire*, *Diane*.

ADJECTIFS.

ADJECTIFS QUALIFICATIFS.

Positif.	Fort, grand, beau.
Comparatif d'égalité.	Jules est aussi grand que Paul.
— de supériorité.	Alfred plus leste que Henri.
— d'infériorité.	Jules moins adroit que Louis.
Superlatif absolu.	Le lion très-beau, extrêmement redoutable; le ciron infiniment petit.
Relatif.	Le plus sage des élèves; le moins supportable des défauts est l'orgueil.

---

(1) La lettre *h* est nulle par elle-même, elle sert à former quelques consonnes composées. Lorsqu'elle est *muette*, son emploi ne change rien à la prononciation; lorsqu'elle est *aspirée*, elle isole la voyelle qui la suit de celle qui la précède, et empêche l'élision.

(2) Le double *w* s'emploie et se prononce comme *u* ou comme *ou*.

ADJECTIFS DÉTERMINATIFS.

	SINGULIER.		PLURIEL.	
	Masculin.	*Féminin.*	*Masculin.*	*Féminin.*
1° ARTICLES.	le.	la.	les.	les.
— CONTRACTÉS. {	du.		des.	des.
	au.		aux.	aux.
2° DÉMONSTRATIFS.	ce , cet.	cette.	ces.	ces.
3° POSSESSIFS. {	mon.	ma.	mes.	mes.
	ton.	ta.	tes.	tes.
	son.	sa.	ses.	ses.
	notre.	notre.	nos.	nos.
	votre.	votre.	vos.	vos.
	leur.	leur.	leurs.	leurs.
4° NUMÉRAUX. {	un.	une.	deux.	deux.
	premier, seconde, etc., etc.			
5° INDÉFINIS. {	un.	une.	des.	des.
	quelque.	quelque.	quelques	quelques
	certain.	certaine.	certains.	certaines
	maint.	mainte.	maints.	maintes.
	tout.	toute.	tous.	toutes.
	quel.	quelle.	quels.	quelles.
	tel.	telle.	tels.	telles.
	aucun.	aucune.	aucuns.	aucunes.
	nul.	nulle.	nuls.	nulles.
	chaque.	chaque.	»	»
	»	»	divers.	diverses.
	»	»	plusieurs	plusieurs

PRONOMS.

		SINGULIER.		PLURIEL.	
		Masculin.	*Féminin.*	*Masculin.*	*Féminin.*
PERSONNELS.	PERSONNE.	1re. je, me, moi.	je, me, moi.	nous.	nous.
		2me. tu, te, toi.	tu, te, toi.	vous.	vous.
		3me. il, le, lui.	elle, la.	ils, eux, les.	elles, les.
DÉMONSTRATIFS.		ce, ceci, cela.	—	—	—
		celui.	celle.	ceux.	celles.
		celui-ci.	celle-ci.	ceux-ci.	celles-ci.
		celui-là.	celle-là.	ceux-là.	celles-là.
POSSESSIFS.	PERSONNE.	1re. le mien.	la mienne.	les miens.	les miennes.
		2me. le tien.	la tienne.	les tiens.	les tiennes.
		3me. le sien.	la sienne.	les siens.	les siennes.
		1re. le nôtre.	la nôtre.	les nôtres.	les nôtres.
		2me. le vôtre.	la vôtre.	les vôtres.	les vôtres.
		3me. le leur.	la leur.	les leurs.	les leurs.

PRONOMS (*Suite*).

	SINGULIER.		PLURIEL.	
	Masculin.	*Féminin.*	*Masculin.*	*Féminin.*
INDÉFINIS ayant les deux genres.	lequel ?	laquelle ?	lesquels ?	lesquelles ?
	quelqu'un.	quelqu'une.	quelques-uns.	quelques-unes.
	l'un.	l'une.	les uns.	les unes.
	l'autre.	l'autre.	les autres.	les autres.
	tel.	telle.	tels.	telles.
	chacun.	chacune.		
	aucun.	aucune.	n'ont pas de pluriel (1).	
	pas un.	pas une.		

INDÉFINIS INVARIABLES.
Qui ? que ? quoi !
On, autrui, personne, nul, plusieurs.
Quelque chose, tout, rien.
Quoi, quiconque, *et* qui *pour* celui qui, celle qui.
Qui que ce soit, quoi que ce soit.

RELATIFS.	lequel.	laquelle.	lesquels.	lesquelles.
	qui, que.	qui, que.	qui, que.	qui, que.

(1) *Aucuns*, *d'aucuns*, s'emploient quelquefois pour *quelques-uns.*

PRONOMS CONTRACTÉS.

PERSONNELS.

me .... *pour* à moi.
te .... à toi.
se .... à soi.
nous .... à nous.
vous .... à vous.
lui .... à lui, à elle.
leur .... à eux, à elles.
en .... de lui, d'elle, d'eux, d'elles, de cela.
y .... à cela, en ce lieu, à lui, à elle, à eux, à elles.

RELATIFS.

où .... auquel, à laquelle, auxquels, — elles ; dans lequel, laquelle, lesquels, — elles.
d'où, dont, duquel, desquels, desquelles, { de lequel, de laquelle, de lesquels, de lesquelles.
auquel, auxquels, auxquelles. { à lequel, à lesquels, à lesquelles.

PRÉPOSITIONS

DE SITUATION.	D'UNION, DE SÉPARATION ET D'OPPOSITION.	DE TEMPS	DE CAUSE, DE MOYENS ET DE BUT.
autour de.	à.	à.	à.
à côté de.	avec.	avant.	à l'égard de.
à travers.	attenant.	après.	attendu.
au travers de.	concernant.	dans.	au moyen de.
chez.	de.	dès.	concernant.
dans.	excepté.	depuis.	envers.
devant.	hormis.	en.	loin de.
derrière.	hors.	pendant.	moyennant.
en.	joignant.	près de.	par.
entre.	malgré.	jusque.	pour.
près de.	nonobstant.	vers.	touchant.
sous.	outre.	»	vu.
sur.	quant à moi.	»	voici.
vers.	sauf.	»	voilà.
vis-à-vis de.	sans.	»	à propos de.
au-dessus de.	selon.	»	supposé.
au-dessous de.	suivant.	»	grâce à.

ADVERBES.

DE TEMPS	DE LIEU.	D'ORDRE OU DE RANG.	DE QUANTITÉ.	DE MANIÈRE.	D'AFFIRMATION, DE DOUTE ET DE NÉGATION.	DE COMPARAISON.
aujourd'hui.	ici.	premièrement.	assez.	bien.	oui.	aussi.
maintenant.	là.	secondement.	beaucoup.	mal.	vraiment.	comme.
présentement.	devant.	d'abord.	trop.	sagement.	volontiers.	de même.
hier.	derrière.	avant.	peu.	follement.	assurément.	autant.
avant-hier.	dessous.	après.	très.	à tort.	sans doute.	plus.
jadis.	dessus.	encore.	fort.	à travers.	en vérité.	davantage.
autrefois.	en haut.	aussi.	tout.	à regret.	non.	moins.
depuis peu.	en bas.	devant.	si.	exprès.	ne pas.	ne si.
demain.	dehors.	auparavant.	tellement.	en vain.	ne point.	ni plus.
bientôt.	dedans.	ensuite.	combien ?	nuitamment.	au plus.	ni moins.
souvent.	près.	ensemble.	que !	ainsi.	ne jamais.	presque.
toujours.	proche.	à la fois.	le plus.	avec soin.	nullement.	quasi.
sans cesse.	loin.	à la file.	le moins.	vivement.	peut-être.	à peu près.
jamais.	çà et là.	de front.	au plus.	comment ?	savoir.	tout au plus.
quand ?	nullepart.	pêle-mêle.	au moins.	pourquoi ?	»	à qui mieux mieux.
»	où ?	»	extrêmement.	»	»	à l'envi.
»	»	»	ne que.	»	»	de mieux en mieux.

CONJONCTIONS

D'UNION ET DE SÉPARATION.	DE CONDITION ET D'ALTERNATIVE.	D'OPPOSITION.
et.	si.	quoique.
ni.	soit.	bien que.
de plus.	pourquoi.	mais.
outre que.	à moins de.	encore que.
au surplus.	au reste.	néanmoins.
et puis.	où.	cependant.
aussi.	ou bien.	toutefois.
enfin.	sinon.	au moins.
ainsi que.	»	»

DE CAUSE ET DE BUT.	DE TEMPS.	D'EXPLICATION.
afin que.	lorsque.	c'est-à-dire.
parce que.	tandis que.	savoir.
puisque.	dès que.	par conséquent.
car.	après que.	ainsi.
comme.	quand.	or.
attendu que.	aussitôt que.	donc.
de sorte que.	»	partant.
pour que.	»	»

INTERJECTIONS

DE JOIE ET D'APPROBATION.	DE CRAINTE ET DE DOULEUR.	DE SURPRISE.	D'ADMIRATION.
ah !	ah !	oh !	ah !
bon !	hé !	ha !	eh !
bien !	aie !	bah !	ô !
bravo !	hélas !	»	ho !

ENCOURAGEMENT.	DÉRISION ET AVERSION.	AVERTISSEMENT ET APPEL.	SILENCE.
çà !	oh !	holà !	chut !
allons !	hé !	hé !	paix !
courage !	fi !	ô !	st !
»	fi donc !	grâce !	»

VERBE AUXILIAIRE *AVOIR.*

(CE VERBE EST AUSSI VERBE ACTIF.)

INFINITIF (Mode impersonnel).

PRÉSENT.	Avoir.
PASSÉ.	Avoir eu.
PARTICIPE PRÉSENT.	Ayant.
PARTICIPE PASSÉ.	Eu, eue, eus, eues.
PARTICIPE PASSÉ COMPOSÉ.	Ayant eu.

INDICATIF. 2me Mode.

PRÉSENT.

J'	ai.
Tu	as.
Il	a.
Nous	avons.
Vous	avez.
Ils	ont.

IMPARFAIT.

J'	avais.
Tu	avais.
Il	avait.
Nous	avions.
Vous	aviez.
Ils	avaient.

PASSÉ INDÉFINI.

J'	ai eu.
Tu	as eu.
Il	a eu.
Nous	avons eu.
Vous	avez eu.
Ils	ont eu.

PASSÉ DÉFINI.

J'	eus.
Tu	eus.
Il	eut.
Nous	eûmes.
Vous	eûtes.
Ils	eurent.

PASSÉ ANTÉRIEUR.

J'	eus eu.
Tu	eus eu.
Il	eut eu.
Nous	eûmes eu.
Vous	eûtes eu.
Ils	eurent eu.

PLUS-QUE-PARFAIT.

J'	avais eu.
Tu	avais eu.
Il	avait eu.
Nous	avions eu.
Vous	aviez eu.
Ils	avaient eu.

FUTUR SIMPLE.

J'   aurai.
Tu   auras.
Il *ou* elle aura.
Nous   aurons.
Vous   aurez.
Ils *ou* elles auront.

FUTUR ANTÉRIEUR.

J'   aurai   eu.
Tu   auras   eu.
Il *ou* elle aura   eu.
Nous   aurons   eu.
Vous   aurez   eu.
Ils *ou* elles auront eu.

CONDITIONNEL. 3e Mode.

PRÉSENT.

J'   aurais.
Tu   aurais.
Il *ou* elle aurait.
Nous   aurions.
Vous   auriez.
Ils *ou* elles auraient.

PASSÉ.

J'   aurais   eu.
Tu   aurais   eu.
Il *ou* elle aurait   eu.
Nous   aurions eu.
Vous   auriez   eu.
Ils *ou* elles auraient eu.

DEUXIÈME PASSÉ.

J'   eusse   eu.
Tu   eusses   eu.
Il *ou* elle eût   eu.
Nous   eussions eu.
Vous   eussiez eu.
Ils *ou* elles eussent, eu.

IMPÉRATIF. 4e Mode.

(Ce mode n'a point de première personne du singulier.)

Aie.
Qu'il *ou* qu'elle ait.
Ayons.
Ayez.
Qu'ils *ou* qu'elles aient.

SUBJONCTIF. 5e Mode.

PRÉSENT.

Il faut
Que j'   aie.
Que tu   aies.
Qu'il   ait.
Que nous   ayons.
Que vous   ayez.
Qu'ils   aient.

IMPARFAIT.

Il fallait
Que j'   eusse.
Que tu   eusses.
Qu'il   eût.
Que nous   eussions.
Que vous   eussiez.
Qu'ils   eussent.

PASSÉ.

Il a fallu
Que j'   aie   eu.
Que tu   aies   eu.
Qu'il   ait   eu.
Que nous   ayons eu.
Que vous   ayez   eu.
Qu'ils   aient eu.

PLUS—QUE—PARFAIT.

Il aurait fallu
Que j'   eusse   eu.
Que tu   eusses   eu.
Qu'il   eût   eu.
Que nous   eussions eu.
Que vous   eussiez eu.
Qu'ils   eussent eu.

4

VERBE AUXILIAIRE *ÊTRE*.

(CE VERBE EST AUSSI VERBE D'ÉTAT; ON L'APPELLE ENCORE VERBE SUBSTANTIF)

INFINITIF (Mode impersonnel).

Présent.	Être.
Passé.	Avoir été.
Participe présent.	Étant.
Participe passé.	Eté.
Participe passé composé.	Ayant été.

INDICATIF. 2ᵐᵉ Mode.

PRÉSENT.

Je	suis.
Tu	es.
Il *ou* elle	est.
Nous	sommes.
Vous	êtes.
Ils *ou* elles	sont.

IMPARFAIT.

J'	étais.
Tu	étais.
Il *ou* elle	était.
Nous	étions.
Vous	étiez.
Ils *ou* elles	étaient.

PASSÉ INDÉFINI.

J'	ai	été.
Tu	as	été.
Il *ou* elle	a	été.
Nous	avons	été.
Vous	avez	été.
Ils *ou* elles	ont	été.

PASSÉ DÉFINI.

Je	fus.
Tu	fus.
Il *ou* elle	fut.
Nous	fûmes.
Vous	fûtes.
Ils *ou* elles	furent.

PASSÉ ANTÉRIEUR.

J'	eus	été.
Tu	eus	été.
Il *ou* elle	eut	été.
Nous	eûmes	été.
Vous	eûtes	été.
Ils *ou* elles	eurent	été.

PLUS-QUE-PARFAIT.

J'	avais	été.
Tu	avais	été.
Il *ou* elle	avait	été.
Nous	avions	été.
Vous	aviez	été.
Ils *ou* elles	avaient	été.

FUTUR SIMPLE.

Je	serai.
Tu	seras.
Il *ou* elle	sera.
Nous	serons.
Vous	serez.
Ils *ou* elles	seront.

FUTUR ANTÉRIEUR.

J'	aurai	été.
Tu	auras	été.
Il *ou* elle	aura	été.
Nous	aurons	été.
Vous	aurez	été.
Ils *ou* elles	auront	été.

CONDITIONNEL. 3e Mode.

PRÉSENT.

Je	serais.
Tu	serais.
Il *ou* elle	serait.
Nous	serions.
Vous	seriez.
Ils *ou* elles	seraient.

PASSÉ.

J'	aurais	été.
Tu	aurais	été.
Il *ou* elle	aurait	été.
Nous	aurions	été.
Vous	auriez	été.
Ils *ou* elles	auraient	été.

SECOND PASSÉ.

J'	eusse	été.
Tu	eusses	été.
Il *ou* elle	eût	été.
Nous	eussions	été.
Vous	eussiez	été.
Ils *ou* elles	eussent	été.

IMPÉRATIF. 4e Mode.

(Point de première personne du singul.)

Sois.
Qu'il *ou* qu'elle soit.
Soyons.
Soyez.
Qu'ils *ou* qu'elles soient.

SUBJONCTIF. 5e Mode.

PRÉSENT.

Il est possible

Que je	sois.	
Que tu	sois.	
Qu'il	soit.	
Que nous	soyons.	
Que vous	soyez.	
Qu'ils	soient.	

IMPARFAIT.

Il était possible

Que je	fusse.
Que tu	fusses.
Qu'il	fût.
Que nous	fussions.
Que vous	fussiez.
Qu'ils	fussent.

PASSÉ.

Il est possible

Que j'	aie	été.
Que tu	aies	été.
Qu'il	ait	été.
Que nous	ayons	été.
Que vous	ayez	été.
Qu'ils	aient	été.

PLUS-QUE-PARFAIT.

Il était possible

Que j'	eusse	été.
Que tu	eusses	été.
Qu'il	eût	été.
Que nous	eussions	été.
Que vous	eussiez	été.
Qu'ils	eussent	été.

PREMIÈRE CONJUGAISON.

Terminaison finale ER.

TEMPS PRIMITIFS.

Chanter, chantant, chanté, je chante, je chantai.

INFINITIF (Mode impersonnel).

PRÉSENT.	Chanter.
PASSÉ.	Avoir chanté.
PARTICIPE PRÉSENT.	Chantant.
PARTICIPE PASSÉ.	Chanté, chantée.
PARTICIPE PASSÉ COMPOSÉ.	Ayant chanté.

INDICATIF. 2ᵉ Mode.

PRÉSENT.

Je	chant	*e*.
Tu	chant	*es*.
Il ou elle	chant	*e*.
Nous	chant	*ons*.
Vous	chant	*ez*.
Ils ou elles	chant	*ent*.

IMPARFAIT.

Je	chant	*ais*.
Tu	chant	*ais*.
Il ou elle	chant	*ait*.
Nous	chant	*ions*.
Vous	chant	*iez*.
Ils ou elles	chant	*aient*.

PASSÉ INDÉFINI.

J'	ai	chanté.
Tu	as	chanté.
Il ou elle	a	chanté.
Nous	avons	chanté.
Vous	avez	chanté.
Ils ou elles	ont	chanté.

PASSÉ DÉFINI.

Je	chant	*ai*.
Tu	chant	*as*.
Il ou elle	chant	*a*.
Nous	chant	*âmes*.
Vous	chant	*âtes*.
Ils ou elles	chant	*èrent*.

PASSÉ ANTÉRIEUR (1).

J'	eus	chanté.
Tu	eus	chanté.
Il ou elle	eut	chanté.
Nous	eûmes	chanté.
Vous	eûtes	chanté.
Ils ou elles	eurent	chanté.

PLUS-QUE-PARFAIT.

J'	avais	chanté.
Tu	avais	chanté.
Il ou elle	avait	chanté.
Nous	avions	chanté.
Vous	aviez	chanté.
Ils ou elles	avaient	chanté.

---

(1) Autre passé antérieur : *J'ai eu chanté.*

FUTUR SIMPLE.

Je	chant	*erai.*
Tu	chant	*eras.*
Il ou elle	chant	*era.*
Nous	chant	*erons.*
Vous	chant	*erez.*
Ils ou elles	chant	*eront.*

FUTUR ANTÉRIEUR.

J'	aurai	chanté.
Tu	auras	chanté.
Il ou elle	aura	chanté.
Nous	aurons	chanté.
Vous	aurez	chanté.
Ils ou elles	auront	chanté.

CONDITIONNEL. 3e Mode.

PRÉSENT.

Je	chant	*erais.*
Tu	chant	*erais.*
Il ou elle	chant	*erait.*
Nous	chant	*erions.*
Vous	chant	*eriez.*
Ils ou elles	chant	*eraient.*

CONDITIONNEL PASSÉ (1).

J'	aurais	chanté.
Tu	aurais	chanté.
Il ou elle	aurait	chanté.
Nous	aurions	chanté.
Vous	auriez	chanté.
Ils ou elles	auraient	chanté.

CONDITIONNEL PASSÉ ANTÉRIEUR.

J'	aurais eu	chanté.
Tu	aurais eu	chanté.
Il ou elle	aurait eu	chanté.
Nous	aurions eu	chanté.
Vous	auriez eu	chanté.
Ils ou elles	auraient eu	chanté.

IMPÉRATIF. 4me Mode.

Point de première personne du singulier.

	Chant	*e.*
Qu'il ou qu'elle	chant	*e.*
	chant	*ons.*
	chant	*ez.*
Qu'ils ou qu'elles	chant	*ent.*

SUBJONCTIF. 5e Mode.

PRÉSENT.

On veut :

Que je	chant	*e.*
Que tu	chant	*es.*
Qu'il ou qu'elle	chant	*e.*
Que nous	chant	*ions.*
Que vous	chant	*iez.*
Qu'ils ou qu'elles	chant	*ent.*

IMPARFAIT

On voulait :

Que je	chant	*asse.*
Que tu	chant	*asses.*
Qu'il ou qu'elle	chant	*ât.*
Que nous	chant	*assions*
Que vous	chant	*assiez.*
Qu'ils ou qu'elles	chant	*assent.*

PASSÉ.

On veut :

Que j'	aie	chanté.
Que tu	aies	chanté.
Qu'il ou qu'elle	ait	chanté.
Que nous	ayons	chanté.
Que vous	ayez	chanté.
Qu'ils ou qu'elles	aient	chanté.

PLUS-QUE-PARFAIT.

On aurait voulu :

Que j'	eusse	
Que tu	eusses	
Qu'il ou qu'elle	eût	chanté.
Que nous	eussions	
Que vous	eussiez	
Qu'ils ou qu'elles	eussent	

---

(1) Autre conditionnel passé : *J'eusse chanté....* Il est moins employé.

DEUXIÈME CONJUGAISON.

Terminaison finale IR.

TEMPS PRIMITIFS.

Finir, finissant, fini, je finis, je finis.

INFINITIF (Mode impersonnel)

Présent.	Finir.
Passé.	Avoir fini.
Participe présent.	Finissant.
Participe passé.	Fini, finie.
Participe passé composé.	Ayant fini.

INDICATIF. 2ᵉ Mode.

PRÉSENT.

Je	fin	*is.*
Tu	fin	*is.*
Il ou elle	fin	*it.*
Nous	fin	*issons.*
Vous	fin	*issez.*
Ils ou elles	fin	*issent.*

IMPARFAIT.

Je	fin	*issais.*
Tu	fin	*issais.*
Il ou elle	fin	*issait.*
Nous	fin	*issions.*
Vous	fin	*issiez.*
Ils ou elles	fin	*issaient.*

PASSÉ INDÉFINI.

J'	ai	fini.
Tu	as	fini.
Il ou elle	a	fini.
Nous	avons	fini
Vous	avez	fini.
Ils ou elles	ont	fini.

PASSÉ DÉFINI

Je	fin	*is.*
Tu	fin	*is.*
Il ou elle	fin	*it.*
Nous	fin	*îmes.*
Vous	fin	*îtes.*
Ils ou elles	fin	*irent.*

PASSÉ ANTÉRIEUR (1).

J'	eus	fini.
Tu	eus	fini.
Il ou elle	eut	fini.
Nous	eûmes	fini.
Vous	eûtes	fini.
Ils ou elles	eurent	fini.

PLUS-QUE-PARFAIT.

J'	avais	fini.
Tu	avais	fini.
Il ou elle	avait	fini.
Nous	avions	fini.
Vous	aviez	fini.
Ils ou elles	avaient	fini.

---

(1) Autre passé antérieur : *J'ai eu fini.* Il est peu employé.

FUTUR SIMPLE.

Je	fin	*irai.*
Tu	fin	*iras.*
Il ou elle	fin	*ira.*
Nous	fin	*irons.*
Vous	fin	*irez.*
Ils ou elles	fin	*iront.*

FUTUR ANTÉRIEUR.

J'	aurai	fini.
Tu	auras	fini.
Il ou elle	aura	fini.
Nous	aurons	fini.
Vous	aurez	fini.
Ils ou elles	auront	fini.

CONDITIONNEL. 3e Mode.

PRÉSENT.

Je	fin	*irais.*
Tu	fin	*irais.*
Il ou elle	fin	*irait.*
Nous	fin	*irions.*
Vous	fin	*iriez.*
Ils ou elles	fin	*iraient.*

CONDITIONNEL PASSÉ (1).

J'	aurais	fini.
Tu	aurais	fini.
Il ou elle	aurait	fini.
Nous	aurions	fini.
Vous	auriez	fini.
Ils ou elles	auraient	fini.

CONDITIONNEL PASSÉ ANTÉRIEUR.

J'	aurais eu	fini.
Tu	aurais eu	fini.
Il ou elle	aurait eu	fini.
Nous	aurions eu	fini.
Vous	auriez eu	fini.
Ils ou elles	auraient eu	fini.

IMPÉRATIF. 4e Mode.

Ce mode n'a point de première personne du singulier.

		Fin	*is.*
Qu'il ou qu'elle	fin	*isse.*
	fin	*issons.*
	fin	*issez.*
Qu'ils ou qu'elles	fin	*issent.*

SUBJONCTIF. 5e Mode.

PRÉSENT.

Il faut

Que je	fin	*isse.*
Que tu	fin	*isses.*
Qu'il ou qu'elle	fin	*isse.*
Que nous	fin	*issions.*
Que vous	fin	*issiez.*
Qu'ils ou qu'elles	fin	*issent.*

IMPARFAIT.

Il fallait

Que je	fin	*isse.*
Que tu	fin	*isses.*
Qu'il ou qu'elle	fin	*ît.*
Que nous	fin	*issions.*
Que vous	fin	*issiez.*
Qu'ils ou qu'elles	fin	*issent.*

PASSÉ.

Il faut

Que j'	aie	fini.
Que tu	aies	fini.
Qu'il ou qu'elle	ait	fini.
Que nous	ayons	fini.
Que vous	ayez	fini.
Qu'ils ou qu'elles	aient	fini.

PLUS-QUE-PARFAIT.

Il aurait fallu

Que j'	eusse	fini.
Que tu	eusses	fini.
Qu'il ou qu'elle	eût	fini.
Que nous	eussions	fini.
Que vous	eussiez	fini.
Qu'ils ou qu'elles	eussent	fini.

---

(1) Autre conditionnel passé . *J'eusse fini.* Il est moins employé.

TROISIÈME CONJUGAISON.

Terminaison finale OIR.

TEMPS PRIMITIFS.

Recevoir , recevant , reçu , je reçois , je reçus.

INFINITIF (Mode impersonnel).

PRÉSENT.	Recevoir.
PASSÉ.	Avoir reçu.
PARTICIPE PRÉSENT.	Recevant.
PARTICIPE PASSÉ.	Reçu , reçue.
PARTICIPE PASSÉ COMPOSÉ.	Ayant reçu.

INDICATIF. 2me Mode.

PRÉSENT.

Je	reç	*ois.*
Tu	reç	*ois.*
Il ou elle	reç	*oit.*
Nous	rec	*evons.*
Vous	rec	*evez.*
Ils ou elles	reç	*oivent.*

IMPARFAIT.

Je	rec	*evais.*
Tu	rec	*evais.*
Il ou elle	rec	*evait.*
Nous	rec	*evions.*
Vous	rec	*eviez.*
Ils ou elles	rec	*evaient.*

PASSÉ INDÉFINI.

J'	ai	reçu.
Tu	as	reçu.
Il ou elle	a	reçu.
Nous	avons	reçu.
Vous	avez	reçu.
Ils ou elles	ont	reçu.

PASSÉ DÉFINI.

Je	reç	*us.*
Tu	reç	*us.*
Il ou elle	reç	*ut.*
Nous	reç	*ûmes.*
Vous	reç	*ûtes.*
Ils ou elles	reç	*urent.*

PASSÉ ANTÉRIEUR (1).

J'	eus	reçu.
Tu	eus	reçu.
Il ou elle	eut	reçu.
Nous	eûmes	reçu
Vous	eûtes	reçu.
Ils ou elles	eurent	reçu.

PLUS-QUE-PARFAIT.

J'	avais	reçu.
Tu	avais	reçu.
Il ou elle	avait	reçu.
Nous	avions	reçu.
Vous	aviez	reçu.
Ils ou elles	avaient	reçu.

---

(1) **Autre passé antérieur :** *J'ai eu reçu.* Il est peu employé.

FUTUR SIMPLE.

Je	rec	*evrai.*
Tu	rec	*evras.*
Il ou elle	rec	*evra.*
Nous	rec	*evrons.*
Vous	rec	*evrez.*
Ils ou elles	rec	*evront.*

FUTUR ANTÉRIEUR.

J'	aurai	reçu.
Tu	auras	reçu.
Il ou elle	aura	reçu.
Nous	aurons	reçu.
Vous	aurez	reçu.
Ils ou elles	auront	reçu.

CONDITIONNEL. 3e Mode.

PRÉSENT.

Je	rec	*evrais.*
Tu	rec	*evrais.*
Il ou elle	rec	*evrait.*
Nous	rec	*evrions.*
Vous	rec	*evriez.*
Ils ou elles	rec	*evraient.*

CONDITIONNEL PASSÉ (1).

J'	aurais	reçu.
Tu	aurais	reçu.
Il ou elle	aurait	reçu.
Nous	aurions	reçu
Vous	auriez	reçu.
Ils ou elles	auraient	reçu.

CONDITIONNEL PASSÉ ANTÉRIEUR.

J'	aurais eu	reçu.
Tu	aurais eu	reçu.
Il ou elle	aurait eu	reçu.
Nous	aurions eu	reçu.
Vous	auriez eu	reçu.
Ils ou elles	auraient eu	reçu.

IMPÉRATIF. 4e Mode.

Point de première personne du singulier.

	Reç	*ois.*
Qu'il ou qu'elle	reç	*oive.*
	rec	*evons.*
	rec	*evez.*
Qu'ils ou qu'elles	reç	*oivent.*

SUBJONCTIF. 5e Mode.

PRÉSENT

Il faut

Que je	reç	*oive.*
Que tu	reç	*oives.*
Qu'il ou qu'elle	reç	*oive.*
Que nous	rec	*evions.*
Que vous	rec	*eviez.*
Qu'ils ou qu'elles	reç	*oivent.*

IMPARFAIT.

Il fallait

Que je	reç	*usse.*
Que tu	reç	*usses.*
Qu'il ou qu'elle	reç	*ût.*
Que nous	reç	*ussions.*
Que vous	reç	*ussiez.*
Qu'ils ou qu'elles	reç	*ussent.*

PASSÉ.

Il faut

Que j'	aie	reçu.
Que tu	aies	reçu.
Qu'il ou qu'elle	ait	reçu.
Que nous	ayons	reçu.
Que vous	ayez	reçu.
Qu'ils ou qu'elles	aient	reçu.

PLUS-QUE-PARFAIT.

Il aurait fallu

Que j'	eusse	reçu.
Que tu	eusses	reçu.
Qu'il ou qu'elle	eût	reçu.
Que nous	eussions	reçu.
Que vous	eussiez	reçu.
Qu'ils ou qu'elles	eussent	reçu.

---

(1) Autre conditionnel passé : *J'eusse reçu.* Il est moins employé.

4*

QUATRIÈME CONJUGAISON.

Terminaison finale RE.

TEMPS PRIMITIFS.

Rendre, rendant, rendu, je rends, je rendis.

INFINITIF (Mode impersonnel).

PRÉSENT.	Rendre.
PASSÉ.	Avoir rendu.
PARTICIPE PRÉSENT.	Rendant.
PARTICIPE PASSÉ.	Rendu, rendue.
PARTICIPE PASSÉ COMPOSÉ.	Ayant rendu.

INDICATIF. 2ᵉ Mode.

PRÉSENT.

Je	rend	*s.*
Tu	rend	*s.*
Il ou elle	rend.	
Nous	rend	*ons.*
Vous	rend	*ez.*
Ils ou elles	rend	*ent.*

IMPARFAIT.

Je	rend	*ais.*
Tu	rend	*ais.*
Il ou elle	rend	*ait.*
Nous	rend	*ions.*
Vous	rend	*iez.*
Ils ou elles	rend	*aient.*

PASSÉ INDÉFINI.

J'	ai	rendu.
Tu	as	rendu.
Il ou elle	a	rendu.
Nous	avons	rendu.
Vous	avez	rendu.
Ils ou elles	ont	rendu.

PASSÉ DÉFINI.

Je	rend	*is.*
Tu	rend	*is.*
Il ou elle	rend	*it.*
Nous	rend	*îmes.*
Vous	rend	*îtes.*
Ils ou elles	rend	*irent.*

PASSÉ ANTÉRIEUR (1).

J'	eus	rendu.
Tu	eus	rendu.
Il ou elle	eut	rendu.
Nous	eûmes	rendu.
Vous	eûtes	rendu.
Ils ou elles	eurent	rendu.

PLUS-QUE-PARFAIT.

J'	avais	rendu.
Tu	avais	rendu.
Il ou elle	avait	rendu.
Nous	avions	rendu.
Vous	aviez	rendu.
Ils ou elles	avaient	rendu.

---

(1) Autre passé antérieur : *J'ai eu rendu.* Il est peu employé.

FUTUR SIMPLE.

Je	rend	*rai.*
Tu	rend	*ras.*
Il ou elle	rend	*ra.*
Nous	rend	*rons.*
Vous	rend	*rez.*
Ils ou elles	rend	*ront.*

FUTUR ANTÉRIEUR.

J'	aurai	rendu.
Tu	auras	rendu.
Il ou elle	aura	rendu.
Nous	aurons	rendu.
Vous	aurez	rendu.
Ils ou elles	auront	rendu.

CONDITIONNEL. 4ᵉ Mode.

PRÉSENT.

Je	rend	*rais.*
Tu	rend	*rais.*
Il ou elle	rend	*rait.*
Nous	rend	*rions.*
Vous	rend	*riez.*
Ils ou elles	rend	*raient.*

CONDITIONNEL PASSÉ (1).

J'	aurais	rendu.
Tu	aurais	rendu.
Il ou elle	aurait	rendu.
Nous	aurions	rendu.
Vous	auriez	rendu.
Ils ou elles	auraient	rendu.

CONDITIONNEL PASSÉ ANTÉRIEUR.

J'	aurais eu	rendu.
Tu	aurais eu	rendu.
Il ou elle	aurait eu	rendu.
Nous	aurions eu	rendu.
Vous	auriez eu	rendu.
Ils ou elles	auraient eu	rendu.

IMPÉRATIF. 4ᵉ Mode.

Point de première personne du singulier.

	Rend	*s.*
Qu'il ou qu'elle	rend	*e.*
	rend	*ons.*
	rend	*ez.*
Qu'ils ou qu'elles	rend	*ent.*

SUBJONCTIF. 5ᵉ Mode.

PRÉSENT.

On veut

Que je	rend	*e.*
Que tu	rend	*es.*
Qu'il ou qu'elle	rend	*e.*
Que nous	rend	*ions.*
Que vous	rend	*iez.*
Qu'ils ou qu'elles	rend	*ent.*

IMPARFAIT.

On voulait

Que je	rend	*isse.*
Que tu	rend	*isse.*
Qu'il ou qu'elle	rend	*ît.*
Que nous	rend	*issions*
Que vous	rend	*issiez.*
Qu'ils ou qu'elles	rend	*issent.*

PASSÉ.

On veut

Que j'	aie	rendu.
Que tu	aies	rendu.
Qu'il ou qu'elle	ait	rendu.
Que nous	ayons	rendu.
Que vous	ayez	rendu.
Qu'ils ou qu'elles	aient	rendu.

PLUS-QUE-PARFAIT.

On aurait voulu

Que j'	eusse	rendu.
Que tu	eusses	rendu.
Qu'il ou qu'elle	eût	rendu.
Que nous	eussions	rendu.
Que vous	eussiez	rendu.
Qu'ils ou qu'elles	eussent	rendu.

---

(1) Autre conditionnel passé : *J'eusse rendu.* Il est moins employé.

VERBE PASSIF.

Auxiliaire verbe ÈTRE.

INFINITIF (Mode impersonnel).

PRÉSENT.	Être aimé *ou* aimée.
PASSÉ.	Avoir été aimé *ou* aimée.
PARTICIPE PRÉSENT.	Étant aimé *ou* aimée.
PARTICIPE PASSÉ.	Aimé *ou* aimée.
PARTICIPE PASSÉ COMPOSÉ.	Ayant été aimé *ou* aimée.

INDICATIF. (2ᵐᵉ Mode.)

	1ʳᵉ PERSONNE DU SINGUL.	1ʳᵉ PERSONNE DU PLURIEL.
PRÉSENT.	Je suis aimé *ou* aimée.	N. sommes aimés *ou* ées.
IMPARFAIT.	J'étais aimé *ou* aimée.	Nous étions aimés *ou* ées.
PASSÉ INDÉFINI.	J'ai été aimé *ou* aimée.	N. avons été aimés *ou* ées.
PASSÉ DÉFINI.	Je fus aimé *ou* aimée.	Nous fûmes aimés *ou* ées.
PASSÉ ANTÉRIEUR.	J'eus été aimé *ou* aimée.	N. eûmes été aimés *ou* ées.
PLUS-QUE-PARFAIT.	J'avais été aimé *ou* aimée	N. avions été aimés *ou* ées.
FUTUR.	Je serai aimé *ou* aimée.	Nous serons aimés *ou* ées.
FUTUR ANTÉRIEUR.	J'aurai été aimé *ou* aimée.	N. aurons été aimés *ou* ées.

CONDITIONNEL. (3ᵐᵉ Mode.)

PRÉSENT.	Je serais aimé *ou* aimée.	Nous serions aimés *ou* ées.
PASSÉ.	J'aurais été aimé *ou* ée.	N. aurions été aimés *ou* ées
2ᵐᵉ PASSÉ.	J'eusse été aimé *ou* ée.	N. eussions été aimés *ou* ées

IMPÉRATIF. (4ᵐᵉ Mode.)

PRÉSENT.	Sois aimé *ou* aimée.	Soyons aimés *ou* aimées.

SUBJONCTIF. (5ᵐᵉ Mode).

PRÉSENT.	Que je sois aimée *ou* ée.	Que nous soyons	
IMPARFAIT.	Que je fusse aimé *ou* ée.	Que nous fussions	aimés *ou* aimées
PARFAIT.	Que j'aie été aimée *ou* ée.	Q. nous ayons été	
PLUS-QUE-PARFAIT.	Q. j'eusse été aimée *ou* ée.	Q. nous eussions été	

VERBE PRONOMINAL.

SE REPENTIR.

Auxiliaire ÈTRE.

INFINITIF (Mode impersonnel).

PRÉSENT.	Se repentir.
PASSÉ.	S'être repenti *ou* repentie.
PARTICIPE PRÉSENT.	Se repentant.
PARTICIPE PASSÉ.	Repenti *ou* repentie.
PARTICIPE PASSÉ COMPOSÉ.	S'étant repenti *ou* repentie.

INDICATIF. (2ᵐᵉ Mode.)

	1ʳᵉ PERSONNE DU SINGUL.	1ʳᵉ PERSONNE DU PLURIEL.
PRÉSENT.	Je me repens.	Nous nous repentons.
IMPARFAIT.	Je me repentais.	Nous nous repentions.
PASSÉ INDÉFINI.	Je me suis repenti *ou* repentie.	Nous nous sommes repentis *ou* repenties.
PASSÉ DÉFINI.	Je me repentis.	Nous nous repentîmes.
PASSÉ ANTÉRIEUR.	Je me fus repenti *ou* repentie.	Nous nous fûmes repentis *ou* repenties.
PLUS-QUE-PARFAIT.	Je m'étais repenti *ou* repentie.	Nous nous étions repentis *ou* repenties.
FUTUR.	Je me repentirai.	Nous nous repentirons.
FUTUR ANTÉRIEUR.	Je me serai repenti *ou* repentie.	Nous nous serons repentis *ou* repenties.

CONDITIONNEL. (3ᵐᵉ Mode.)

PRÉSENT.	Je me repentirais.	Nous nous repentirions.
PASSÉ.	Je me serais repenti *ou* repentie.	Nous nous serions repentis *ou* repenties.
2ᵐᵉ PASSÉ.	Je me fusse repenti *ou* repentie.	Nous nous fussions repentis *ou* repenties.

IMPÉRATIF. (4ᵐᵉ Mode.)

PRÉSENT.	Repens-toi.	Repentons-nous.

SUBJONCTIF. (5ᵐᵉ Mode.)

PRÉSENT.	Que je me repente.	Que nous nous repentions.
IMPARFAIT.	Que je me repentisse.	Que nous nous repentissions.
PASSÉ.	Que je me sois repenti *ou* repentie.	Que nous nous soyons repentis *ou* repenties.
PLUS-QUE-PARFAIT.	Que je me fusse repenti *ou* repentie.	Que nous nous fussions repentis *ou* repenties.

VERBE NEUTRE.

Conjugué avec le verbe AVOIR.

COMME LES VERBES ACTIFS.

MARCHER.

INFINITIF (Mode impersonnel).

PRÉSENT.	Marcher.
PASSÉ.	Avoir marché.
PARTICIPE PRÉSENT.	Marchant.
PARTICIPE PASSÉ.	Marché.
PARTICIPE PASSÉ COMPOSÉ.	Ayant marché.

INDICATIF. (2ᵘᵉ Mode.)

	1ʳᵉ PERSONNE DU SINGUL.	1ʳᵉ PERSONNE DU PLURIEL.
PRÉSENT.	Je march *e*.	Nous march *ons*.
IMPARFAIT.	Je march *ais*.	Nous march *ions*.
PASSÉ INDÉFINI.	J' ai *marché*.	Nous avons *marché*.
PASSÉ DÉFINI.	Je march *ai*.	Nous march *âmes*.
PASSÉ ANTÉRIEUR.	J' eus *marché*.	Nous eûmes *marché*.
2ᵉ PASSÉ ANTÉRIEUR	J' eus eu *marché*.	Nous eûmes eu *marché*.
PLUS-QUE-PARFAIT.	J' avais *marché*.	Nous avions *marché*.
FUTUR.	Je march *erai*.	Nous march *erons*.
FUTUR ANTÉRIEUR.	J' aurai *marché*.	Nous aurons *marché*.

CONDITIONNEL. (3ᵐᵉ Mode.)

PRÉSENT.	Je march *erais*.	Nous march *erions*.
PASSÉ.	J' aurais *marché*.	Nous aurions *marché*.
2ᵐᵉ PASSÉ.	J' eusse *marché*.	Nous eussions *marché*.
Cᵉˡ PASSÉ ANTÉR.	J' aurais eu *marché*.	Nous aurions eu *marché*.

IMPÉRATIF. (4ᵐᵉ Mode.)

PRÉSENT. 2ᵉ Pers.	March *e*.	March *ons*.

SUBJONCTIF. (5ᵐᵉ Mode.)

PRÉSENT.	Que je march *e*.	Que n. march *ions*.
IMPARFAIT.	Que je march *asse*.	Que n. march *assions*.
PASSÉ.	Que j'aie *marché*.	Que n. ayons *marché*.
PLUS-QUE-PARFAIT.	Que j'eusse *marché*.	Que n. eussions *marché*.

VERBE NEUTRE.

Conjugué avec le verbe ÊTRE.

PARTIR.

INFINITIF (Mode impersonnel).

Présent.	Partir.
Passé.	Etre parti *ou* partie.
Participe présent.	Partant.
Participe passé.	Parti *ou* partie.
Participe passé composé.	Etant parti *ou* partie.

INDICATIF. (2ᵐᵉ Mode.)

	1ʳᵉ PERSONNE DU SING.	1ʳᵉ PERSONNE DU PLURIEL.
Présent.	Je pars.	Nous partons.
Imparfait	Je partais.	Nous partions.
Passé indéfini.	Je suis parti *ou* partie.	N. sommes partis *ou* ties.
Passé défini.	Je partis.	Nous partîmes.
Passé antérieur.	Je fus parti *ou* partie.	Nous fûmes partis *ou* ties.
Plus-que-parfait.	J'étais parti *ou* partie.	Nous étions partis *ou* ties.
Futur.	Je partirai.	Nous partirons.
Futur antérieur.	Je serai parti *ou* partie.	Nous serons partis *ou* ties.

CONDITIONNEL. (3ᵐᵉ Mode.)

Présent.	Je partirais.	Nous partirions.
Passé.	Je serais parti *ou* partie.	N. serions partis *ou* ties.
2ᵐᵉ Passé.	Je fusse parti *ou* partie.	N. fussions partis *ou* ties.

IMPÉRATIF. (4ᵐᵉ Mode.)

Présent. 2ᵉ pers.	Pars.	Partons.

SUBJONCTIF. (5ᵐᵉ Mode.)

Présent.	Que je parte.	Que nous partions.
Imparfait.	Que je partisse.	Que nous partissions.
Passé.	Que je sois parti *ou* tie.	Q. n. soyons partis *ou* ties.
Plus-que-parfait.	Que je fusse parti *ou* tie.	Q. n. fussions partis *ou* ties.

VERBE UNIPERSONNEL.

PLEUVOIR.

Des verbes unipersonnels, les uns se conjuguent avec ÊTRE, et d'autres avec AVOIR.

INDICATIF.

PRÉSENT.	Il pleut.
IMPARFAIT.	Il pleuvait.
PASSÉ INDÉFINI.	Il a plu.
PASSÉ DÉFINI.	Il plut.
PASSÉ ANTÉRIEUR.	Il eut plu.
PLUS-QUE-PARFAIT.	Il avait plu.
FUTUR.	Il pleuvra.
FUTUR ANTÉRIEUR.	Il aura plu.

CONDITIONNEL.

PRÉSENT.	Il pleuvrait.
PASSÉ.	Il aurait plu.
2ᵐᵉ PASSÉ.	Il eût plu.

IMPÉRATIF. (*Manque.*)

SUBJONCTIF.

PRÉSENT.	Qu'il pleuve.
IMPARFAIT.	Qu'il plût.
PASSÉ.	Qu'il ait plu.
PLUS-QUE-PARFAIT.	Qu'il eût plu.

INFINITIF.

PRÉSENT.	Pleuvoir.
PASSÉ.	Avoir plu.
PARTICIPE PRÉSENT.	(*Manque.*)
PARTICIPE PASSÉ.	Plu.

CONJUGAISONS INTERROGATIVES.

INDICATIF.

PRÉSENT.	Aimé-je ?	Est-ce que je rends ?
	Aimes-tu ?	Rends-tu ?
	Aime-t-il ?	Rend-il ?
	Aimons-nous ?	Rendons-nous ?
	Aimez-vous ?	Rendez-vous ?
	Aiment-ils ?	Rendent-ils ?
IMPARFAIT.	Aimais-je ?	Rendais-je ?
	Aimions-nous ?	Rendions-nous ?
PASSÉ INDÉFINI.	Ai-je aimé ?	Ai-je rendu ?
	Avons-nous aimé ?	Avons-nous rendu ?
PASSÉ DÉFINI.	Aimai-je ?	Rendis-je ?
	Aimâmes-nous ?	Rendîmes-nous ?
PASSÉ ANTÉRIEUR.	Eus-je aimé ?	Eus-je rendu ?
	Eûmes-nous aimé ?	Eûmes-nous rendu ?
PLUS-QUE-PARFAIT.	Avais-je aimé ?	Avais-je rendu ?
	Avions-nous aimé ?	Avions-nous rendu ?
FUTUR.	Aimerai-je ?	Rendrai-je ?
	Aimerons-nous ?	Rendrons-nous ?
FUTUR ANTÉRIEUR.	Aurai-je aimé ?	Aurai-je rendu ?
	Aurons-nous aimé ?	Aurons-nous rendu ?

CONDITIONNEL.

PRÉSENT.	Aimerais-je ?	Rendrais-je ?
	Aimerions-nous ?	Rendrions-nous ?
PASSÉ.	Aurais-je aimé ?	Aurais-je rendu ?
	Aurions-nous aimé ?	Aurions-nous rendu ?
2ᵐᵉ PASSÉ.	Eussé-je aimé ?	Eussé-je rendu ?
	Eussions-nous aimé ?	Eussions-nous rendu ?

La forme interrogative s'emploie quelquefois pour le conditionnel : *L'aiderais-je, il n'en serait pas plus heureux.*

TABLEAU DES TEMPS SIMPLES

LES PLUS

INFINITIF.			INDICATIF.	
PRÉSENT.	PARTICIPE PRÉSENT.	PARTICIPE PASSÉ.	PRÉSENT.	PASSÉ DÉFINI.

1re CONJUGAISON

Aller.	Allant.	Allé.	Je vais.	J'allai.
Envoyer.	Envoyant.	Envoyé.	J'envoie.	J'envoyai.

2me CONJUGAISON

Acquérir.	Acquérant.	Acquis.	J'acquiers.	J'acquis.
Bouillir.	Bouillant.	Bouilli.	Je bous.	Je bouillis.
Courir.	Courant.	Couru.	Je cours.	Je courus.
Cueillir.	Cueillant.	Cueilli.	Je cueille.	Je cueillis.
Faillir.	Faillant.	Failli.	Je faux.	Je faillis.
Fuir.	Fuyant.	Fui.	Je fuis.	Je fuis.
Haïr.	Haïssant.	Haï.	Je hais.	Je haïs.
Mourir.	Mourant.	Mort.	Je meurs.	Je mourus.
Ouvrir.	Ouvrant.	Ouvert.	J'ouvre.	J'ouvris.
Tenir.	Tenant.	Tenu.	Je tiens.	Je tins.
Tressaillir.	Tressaillant.	Tressailli.	Je tressaille.	Je tressaillis.
Venir.	Venant.	Venu.	Je viens.	Je vins.
Vêtir.	Vêtant.	Vêtu.	Je vêts.	Je vêtis.

DES VERBES IRRÉGULIERS

EMPLOYÉS.

FUTUR.	IMPÉ-RATIF.	SUBJONCTIF PRÉSENT.	OBSERVATIONS et DÉRIVÉS.
EN *ER*.			
J'irai.	Vas.	Que j'aille.	Indicatif présent. *Je vais, tu vas, il va, nous allons, vous allez, ils vont.* *Je m'en suis allé.*
J'enverrai.	Envoie.	Que j'envoie.	
EN *IR*.			
J'acquerrai.	Acquiers.	Que j'acquière.	Ind. prés. *J'acquiers, nous acquérons, rez, ils acquièrent.*
Je bouillirai.	Bous.	Que je bouille.	
Je courrai.	Cours.	Que je coure.	
Je cueillerai.	Cueille.	Que je cueille.	
Je faillirai.	Faille.	Que je faille.	
Je fuirai.	Fuis.	Que je fuie.	Ind. prés. *Ils fuient.*
Je haïrai.	Hais.	Que je haïsse.	
Je mourrai.	Meurs.	Que je meure.	Indic. prés. *Je meurs, tu meurs, il meurt, nous mourons, vous mourez, ils meurent.*
J'ouvrirai.	Ouvre.	Que j'ouvre.	
Je tiendrai.	Tiens.	Que je tienne.	Ind. prés. *Ils tiennent*
Je tressaillirai.	Tressaille	Que je tressaille	
Je viendrai.	Viens.	Que je vienne.	Ind. pr. *Ils viennent.*
Je vêtirai.	Vêts.	Que je vête.	

INFINITIF.			INDICATIF.	
PRÉSENT.	PARTICIPE PRÉSENT.	PARTICIPE PASSÉ.	PRÉSENT.	PASSÉ DÉFINI.

3me CONJUGAISON

PRÉSENT.	PARTICIPE PRÉSENT.	PARTICIPE PASSÉ.	PRÉSENT.	PASSÉ DÉFINI.
Asseoir.	Asseyant. Assoyant.	Assis.	J'assieds. J'assois.	J'assis.
Devoir.	Devant.	Dû.	Je dois.	Je dus.
Déchoir.	Déchéant.	Déchu.	Je déchois.	Je déchus.
Falloir.	—	Fallu.	Il faut.	Il fallut.
Mouvoir.	Mouvant.	Mu.	Je meus.	Je mus.
Pleuvoir.	Pleuvant.	Plu.	Il pleut.	Il plut.
Pouvoir.	Pouvant.	Pu.	Je puis.	Je pus.
Savoir.	Sachant.	Su.	Je sais.	Je sus.
Surseoir.	Sursoyant.	Sursis.	Je sursois.	Je sursis.
Valoir.	Valant.	Valu.	Je vaux.	Je valus.
Voir.	Voyant.	Vu.	Je vois.	Je vis.
Vouloir.	Voulant.	Voulu.	Je veux.	Je voulus.

4me CONJUGAISON

PRÉSENT.	PARTICIPE PRÉSENT.	PARTICIPE PASSÉ.	PRÉSENT.	PASSÉ DÉFINI.
Absoudre.	Absolvant.	Absous.	J'absous.	—
Battre.	Battant.	Battu.	Je bats.	Je battis.
Boire.	Buvant.	Bu.	Je bois.	Je bus.
Clore.	—	Clos.	Je clos.	—
Conclure.	Concluant.	Conclu.	Je conclus.	Je conclus.
Conduire.	Conduisant.	Conduit.	Je conduis.	Je conduisis.

FUTUR.	IMPÉ-RATIF.	SUBJONCTIF PRÉSENT.	OBSERVATIONS et DÉRIVÉS.
EN *OIR*.			
J'asseyerai.	Assieds.	Que j'asseye.	
J'assiérai.	Assois.	Que j'assoie.	
J'assoirai.			
Je devrai.	Dois.	Que je doive.	Indic. prés., 3ᵉ pers. du plur. *Ils doivent.*
Je décherrai.	Déchois.	Que je déchoie.	On peut dire pour échoir, *il échoit ou il échet.*
Il faudra.	—	Qu'il faille.	
Je mouvrai.	Meus.	Que je meuve.	Ind. pr. *Ils meuvent.*
Il pleuvra.	—	Qu'il pleuve.	Ind. pr. *Ils peuvent.*
Je pourrai.	—	Que je puisse.	
Je saurai.	Sache.	Que je sache.	Indicatif prés. *Nous savons, vous savez, ils savent.*
Je surseoirai.	Sursois.	Que je sursoie.	Indic. présent. *Nous valons.*
Je vaudrai.	Vaux.	Que je vaille.	Prévaloir; subjonctif, *que je prévalle.*
Je verrai.	Vois.	Que je roie.	Indicatif présent. *Ils voient.* Prévoir, *je prévoirai.*
Je voudrai.	Veux. Veuille.	Que je veuille.	Impératif. *Voulons, lez,* ou *veuillons, lez.*
EN *RE*.			
J'absoudrai.	Absous.	Que j'absolve.	Résoudre fait *résolu* au participe passé.
Je battrai.	Bats.	Que je batte.	
Je boirai.	Bois.	Que je boive.	Indic. pr. *Ils boivent.*
Je clorai.	—	—	L'indicatif n'a pas de pluriel.
Je conclurai.	Conclus.	Que je concluc.	*Exclure.*
Je conduirai.	Conduis.	Que je conduise	

INFINITIF.			INDICATIF.	
PRÉSENT.	PARTICIPE PRÉSENT.	PARTICIPE PASSÉ.	PRÉSENT.	PASSÉ DÉFINI.
Confire.	Confisant.	Confit.	Je confis.	Je confis.
Connaître.	Connaissant	Connu.	Je connais.	Je connus.
Coudre.	Cousant.	Cousu.	Je couds.	Je cousis.
Croire.	Croyant.	Cru.	Je crois.	Je crus.
Croître.	Croissant.	Crû.	Je crois.	Je crus.
Dire.	Disant.	Dit.	Je dis.	Je dis.
Ecrire.	Ecrivant.	Ecrit.	J'écris.	J'écrivis.
Faire.	Faisant.	Fait.	Je fais.	Je fis.
Lire.	Lisant.	Lu.	Je lis.	Je lus.
Mettre.	Mettant.	Mis.	Je mets.	Je mis.
Moudre.	Moulant.	Moulu.	Je mouds.	Je moulus.
Naître.	Naissant.	Né.	Je nais.	Je naquis.
Nuire.	Nuisant.	Nui.	Je nuis.	Je nuisis.
Oindre.	Oignant.	Oint.	J'oins.	J'oignis.
Paraître.	Paraissant.	Paru.	Je parais.	Je parus.
Prendre.	Prenant.	Pris.	Je prends.	Je pris.
Repaître.	Repaissant.	Repu.	Je repais.	Je repus.
Rire.	Riant.	Ri.	Je ris.	Je ris.
Rompre.	Rompant.	Rompu.	Je romps.	Je rompis.
Suivre.	Suivant.	Suivi.	Je suis.	Je suivis.
Taire.	Taisant.	Tu.	Je tais.	Je tus.
Traire.	Trayant.	Trait.	Je trais.	—
Vaincre.	Vainquant.	Vaincu.	Je vaincs.	Je vainquis.
Vivre.	Vivant.	Vécu.	Je vis.	Je vécus.

Le conditionnel suit toujours l'orthographe du futur.

Les verbes dérivés suivent la conjugaison de ceux dont ils sont formés.

Les verbes en *eindre* et *oindre* changent *nd* en *gne* devant *a*, *e*, *i*, *o*. Exemples : *ceindre*, *ceignant* ; *oindre*, *oignant*.

FUTUR.	IMPÉRATIF.	SUBJONCTIF PRÉSENT.	OBSERVATIONS et DÉRIVÉS.
Je confirai.	Confis.	Que je confise.	*Suffire, suffi.*
Je connaîtrai.	Connu.	Que je connaisse	
Je coudrai.	Couds.	Que je couse.	
Je croirai.	Crois.	Que je croie.	Indic. pr. *Ils croient.*
Je croîtrai.	Crois.	Que je croisse.	
Je dirai.	Dis.	Que je dise.	*Redire.*
J'écrirai.	Ecris.	Que j'écrive.	
Je ferai.	Fais.	Que je fasse.	Indicatif prés. *Nous faisons, vous faites, ils font.*
Je lirai.	Lis.	Que je lise.	
Je mettrai.	Mets.	Que je mette.	
Je moudrai.	—	Que je moule.	
Je naîtrai.	Nais.	Que je naisse.	
Je nuirai.	Nuis.	Que je nuise.	*Luire* n'a pas de passé défini.
J'oindrai.	Oins.	Que j'oigne.	
Je paraîtrai.	Parais.	Que je paraisse	*Paître* et *repaître* de même; *paître* n'a pas de passé défini.
Je prendrai.	Prends.	Que je prenne.	3ᵉ personne du pluriel. *Ils prennent.*
Je repaîtrai.	Repais.	Que je repaisse.	
Je rirai.	Ris.	Que je rie.	
Je romprai.	Romps.	Que je rompe.	
Je suivrai.	Suis	Que je suive.	
Je tairai.	Tais.	Que je taise.	
Je trairai.	Trais.	Que je traie.	3ᵉ personne du pluriel. *Ils traient.*
Je vaincrai.	Vaincs.	Que je vainque.	*Convaincre.*
Je vivrai.	Vis.	Que je vive.	

Les verbes en *indre* et en *oudre* perdent à l'ind. le *d* de dérivation. *Je crains, je peins, je résous.*

Les verbes *contredire, se dédire, interdire, médire, prédire,* font, à la seconde personne du pluriel du présent de l'indicatif et de l'impératif : *contredisez, dédisez, interdisez, médisez, prédisez.*

MOTS

DANS LESQUELS LA LETTRE H EST ASPIRÉE.

Ha ! hé ! hem ! holà !
Habler et dérivés.
Hache et dérivés.
Hachures.
Hagard.
Haie.
Haillon.
Haine et dérivés.
Halage.
Hâle et dérivés.
Haleter.
Halle.
Hallebarde.
Halte.
Hamac.
Hameau.
Hampe.
Hanche.
Hangar.
Hanneton.
Hanter.
Happer.
Haquenée.
Haquet.
Harangue.
Haras.
Harasser.
Hardes.
Hardi et dérivés.
Harem.
Hareng et dérivés.
Hargneux.
Haricot.

Haridelle.
Harnais et dérivés.
Harpe.
Harpie.
Harpin (croc de ba-
  telier).
Harpon.
Hasard et dérivés.
Hase.
Hauban.
Haut, et tous ses dér.
Hâve.
Hàvre.
Havresac.
Hêler.
Hennir.
Henri.
Hérault.
Hère.
Hérisser.
Hérisson.
Hernie.
Héron.
Héros (ses dérivés ont
  l'*h* muette).
Herse.
Hêtre.
Heurter et dérivés.
Hibou.
Hideux.
Hiérarchie.
Hisser.
Hoche.

Hocher.
Hollande.
Homard.
Hongrois et dérivés.
Honnir.
Honte et dérivés.
Hoquet.
Horde.
Hors.
Hotte et dérivés.
Hottentot.
Houblon.
Houe.
Houille.
Houle (vague).
Houlette.
Houppelande.
Hourder et dérivés.
Houspiller.
Housse.
Houx et dérivés.
Hoyau.
Huche.
Huer.
Huguenot.
Huit.
Hune.
Huppe.
Hure.
Hurler.
Hussard.
Hutte.

MODÈLE D'ANALYSE

GRAMMATICALE ET LOGIQUE.

Abattu et sans courage, il se ranima subitement un jour, paya d'une poignée d'or, à son guichetier, une plume et du papier; attendit qu'un éclat passager de lumière rendît moins sombre l'obscurité de sa prison, et la nuit du même jour, le sommeil descendit sur ses yeux épuisés.

PRÉPARATION LOGIQUE.

Adj. et compl. de IL.	Suj. 1-2-3.	Rég. d. 1.	1	Adv. et dét. 1.
Abattu et sans courage,	il	se	ranima	subitement un jour,

2	Dét. 2.	Rég. ind. 2.	Rég. d. 2.
paya	d'une poignée d'or,	à son guichetier,	une plume et du papier,

3	Phra. rég. d. 3.	Suj. 4.	4	Adj. de obscurité.
attendit	qu'	un éclat passager de lumière	rendît	moins sombre

Rég. d. 4.	Dét. 5.	Suj. 5.	5
l'obscurité de sa prison,	et la nuit du même jour,	le sommeil	descendit

Dét. 5.
sur ses yeux épuisés.

Les première, deuxième, troisième et cinquième phrases sont principales : la quatrième est régime direct de la troisième

NOTA. Les numéros qui ne sont pas soulignés désignent les verbes personnels : les autres chiffres indiquent à quel verbe personnel se rapportent les mots au-dessus, desquels ils sont placés.

Abattu	Adj. masc. sin. attr. de *il*.
et	Conj.
sans	Prép.
courage,	Subst. masc. sing., compl. ind. de *il*.
il	Pron. pers., 3me pers. du sing., suj. de *ranima, paya* et *attendit*.
se	pour *soi*, pron. pers., 3me personne du sing., rég. direct de *ranima*.
ranima	Verbe pron. actif *se ranimer*, de la 1re conj. à la 3me pers. du sing. du passé défini.
subitement	Adv. mod. *ranima*.
un	Adj. ind., masc. sing., dét. *jour*.
jour,	Sub. masc. sing., déter. de temps (régime d'une prépos. sous-entendue).
paya	Verbe act. *payer*, de la 1re conj. à la 3me pers. du sing. du passé défini.

5

d'	Pour *de*, prép. (avec).
une	Adj. indéf. fém. sing., déterm. *poignée*.
poignée	Subs. fém. sing., déterm. de *manière*.
d'	Pour *de*, prép.
or,	Subs. masc sing., compl. indir. de *poignée*.
à	Prép.
son	Adj. poss. masc. sing., dét. *guichetier*.
guichetier,	Subst. masc. sing., régime ind. de *paya*.
une	Adj. indéf. fém. sing., déterm. *plume*.
plume	Subs. fém. sing., 1er régime direct de *paya*.
et	Conj.
du	Adj. indéf. masc. sing., déterm. *papier*.
papier;	Subs. masc. sing, 2me régime dir. de *paya*.
attendit	Verbe actif *attendre* de la 4me conjug. à la 3me pers. du sing. du passé défini. (Son régime direct est la phrase suivante.)
qu'	Pour *que*, conj.
un	Adj. ind. masc. sing., déterm. *éclat*.
éclat	Subst. masc. sing., suj. de *rendit*.
passager	Adj. masc. sing., qual. *éclat*.
de	Prép.
lumière	Subst. fém. sing., compl. indirect de *éclat*.
rendit	Verbe actif *rendre*, de la 4me conjugaison à la 3me pers. du sing. de l'imp. du subj.
moins	Adv., modif. *sombre*.
sombre	Adj. fém. singulier, qual. *obscurité*.
l'	Pour *la*, adject. fém. sing., déterm. *obscurité*.
obscurité	Subst. fém. sing., régime direct de *rendit*.
de	Préposit.
sa	Adj. poss. fémin. sing., déterm. *prison*.
prison,	Subst. fémin. sing., compl. indir. de *obscurité*.
et	Conjonct.
la	Artic. fémin. sing., déterm. *nuit*.
nuit	Subst. fémin. sing. (régime d'une prép. sous-entendue), déterminatif de temps.
du	Pour *de le* : *de*, prép.; *le*, artic. masc. sing., dét. *jour*.
même	Adject. masc. sing., qual. *jour*.
jour	Subst. masc. sing., complém. indir. de *nuit*.
le	Artic. masc. sing., déterm. *sommeil*.
sommeil	Subst. masc. sing., sujet de *descendit*.
descendit	Verbe neutre *descendre*, de la 4e conjug. à la 3me pers. du sing. du passé défini.
sur	Préposit.
ses	Adj. poss. masc. plur., déterm. *yeux*.
yeux	Subst. masc. plur., dét. de lieu, rég. indir. de *descendit*.
épuisés.	Adject. masc. plur., qual. *yeux*.

HOMONYMES.

Un, une,	art. indéf.	peut se remplacer par	*certain, certaine.*
De, du, des,	art. indéf.	»	*un, une, un peu de, quelques, certains.*
Ses,	adj. possessif	»	*siens, siennes.*
Ces,	adj. démonst.	»	*ces… ci, ces… là.*

Ce,	pron.dém. peut se remplacer par		*cela.*
Se,	pron. possessif	»	*soi, à soi*
On,	pron. indéfini	»	*quelqu'un.*
Ont,	verbe personnel	»	*auront.*
A,	préposition	»	*une autre préposition.*
A,	verbe personnel	»	*aura.*

Les pronoms contractés. (Voyez le tableau des pronoms.)

Que,	pron. relatif	»	*lequel, -elle, -els, -elles.*
Ou,	conjonction	»	*ou bien.*
Où,	ad.ou pr.contr.	»	*en ce lieu, en quel lieu.*
Quant à,	préposition	»	*pour.*
Quand,	conjonction	»	*lorsque.*
Bien et mal,	adverbes	»	*mieux.*
Si,	adverbe	»	*tellement.*
Tout,	adverbe	»	*si, totalement.*
Que,	adverbe	»	*combien.*
Parce que,	conjonction	»	*puisque.*
Par ce que,		»	*par cela que.*
Surtout,	adverbe	»	*principalement.*
Sur tout,		»	*sur toute chose.*
De bonne heure,	adverbe	»	*tôt.*
Plus tôt,	adverbe	»	*plus tard.*
Plutôt que,	conjonction	»	*de préférence à.*
Attendu, sui-			
vant, vu,	prépositions	»	*d'après.*
Hors,	préposition	»	*en dehors.*
Or,	conjonction	»	*d'après cela.*
Dès,	préposition	»	*aussitôt.*
Devant,	préposition	»	*derrière.*
En,	préposition	»	*dans.*
Excepté,	préposition	»	*hormis.*
Personne,	pronom masc.	»	*aucun homme.*
Personne,	subst. féminin	»	*un homme ou une femme*

EXEMPLES DE SUBSTANTIFS HOMONYMES DE GENRES DIFFÉRENTS.

MASCULINS.		FÉMININS.	
Aide,	qui porte aide.	Aide,	secours.
Aigle,	oiseau.	Aigle,	enseigne.
Aune,	arbre.	Aune,	mesure.
Carpe,	les os du poignet.	Carpe,	poisson.
Cartouche,	ornement de sculpture.	Cartouche,	charge d'une arme à feu.
Crêpe,	tissu de soie.	Crêpe,	pâte frite.
Foudre,	grand tonneau.	Foudre,	le tonnerre.
Greffe,	dépôt d'archives.	Greffe,	branche entée.
Guide,	conducteur.	Guides,	rênes des chevaux.
Hymne,	chant profane.	Hymne,	chant religieux.
Livre,	imprimé ou écrit.	Livre,	unité de compte.
Manche,	poignée d'un outil.	Manche,	partie du vêtement.
Manœuvre,	journalier.	Manœuvre,	exercice de précision.
Mémoire,	genre d'écrit.	Mémoire,	faculté de l'esprit.
Mode,	manière d'être ou d'agir.	Mode,	manière de s'habiller en vogue.

Moule,	empreinte.	Moule,	poisson.
Mouffle,	assemblage de poulies.	Mouffle,	gant dont le pouce seul est séparé.
Mousse,	matelot.	Mousse,	plante.
Office,	service, prière.	Office,	garde-manger.
OEuvre,	produit du travail.	OEuvre,	action de faire.
Pendule,	balancier vertical.	Pendule,	horloge mue par un balancier.
Période,	dernier degré.	Période,	laps de temps.
Poêle,	foyer fermé.	Poêle,	de cuisine.
Poste,	emploi,	Poste,	aux lettres, relais.
Relâche,	cessation de travail.	Relâche,	lieu de repos pour les vaisseaux.
Remise,	voiture louée.	Remise,	lieu où l'on place les voitures.
Somme,	sommeil.	Somme,	quantité.
Souris,	léger rire.	Souris,	animal.
Trompette,	musicien.	Trompette,	instrument de musique.
Vase,	vaisseau de contenance	Vase,	limon bourbeux.
Voile,	ce qui cache.	Voile,	toile tendue pour prendre le vent.

SUBSTANTIFS DE GENRE EQUIVOQUE.

DU GENRE MASCULIN.

Accessoire.	Eclair.	Ivoire.
Adage.	Eloge.	Légume.
Ail.	Emplâtre.	Leurre.
Air.	Epigraphe.	Mânes.
Alambic.	Ephémérides.	Monticule.
Albâtre.	Epiderme.	Narcisse (plante).
Alvéole.	Episode.	Obélisque.
Amadou.	Epithalame.	Obsèques.
Amalgame.	Equilibre.	Observatoire.
Ambe.	Equinoxe.	Ombrage.
Ambre.	Erysipèle.	Organe.
Amidon.	Esclandre.	Ouvrage.
Animalcule.	Espace.	Ovale.
Anniversaire.	Evangile.	Parafe.
Apologue.	Eventail.	Pendule (balancier).
Armistice.	Eventaire.	Pétale.
Astérisque.	Exemple.	Pleurs.
Asthme.	Hectare.	Renne (animal).
Atre.	Hémisphère.	Simple (plante médicinale).
Axiôme.	Héritage.	
Balustre.	Hôtel.	Socques.
Centime, décime.	Idiôme.	Tubercule.
Concombre.	Incendie.	Ulcère.
Crabe.	Indice.	Ustensile.
Décombres.	Isthme.	Vivre.
Echange.		

DU GENRE FÉMININ.

Aire.	Décrottoire.	Glaire.
Alcôve.	Dinde.	Horloge.
Amnistie.	Disparate.	Hydre.
Anecdote.	Ebène.	Hypothèque.
Apothéose.	Echappatoire.	Image.
Après-dînée.	Echarde.	Immondice.
Après-midi.	Ecritoire.	Mathématiques.
Après-soupée.	Ecumoire.	Nacre.
Armoire.	Ellipse.	Obsèques.
Artère.	Eglogue.	Optique.
Atmosphère.	Equivoque.	Paroi.
Avalanche.	Epitaphe.	Prémices.
Avant-scène.	Ère.	Sandaraque.

MANIÈRE DONT DOIVENT S'EMPLOYER CERTAINS VERBES.

Il a mal agi avec moi,	et non, il en a mal agi.
Aimer	quelqu'un ou quelque chose.
Aimer à,	avec un infinitif.
Il a été,	suppose le retour.
Il est allé,	qu'il y ait retour ou non.
Aider quelqu'un,	l'assister.
Aider à quelqu'un,	partager son fardeau, son travail.
Anoblir,	faire un noble.
Ennoblir,	rendre éclatant, glorieux.
Assurer quelqu'un	de son respect.
Assurer à quelqu'un,	lui certifier que.
Bosseler,	travailler les métaux en bosse.
Bossuer,	par accident, ou par violence.
Colorer,	donner ou modifier la couleur.
Colorier,	avec un pinceau.
Commencer à,	annonce un perfectionnement futur.
Commencer de,	annonce une action qui se continue de même.
Connaître quelque chose,	en avoir connaissance.
Connaître de quelque chose,	en prendre connaissance.
Consumer,	anéantir avec perte.
Consommer,	détruire par l'usage.
Désirer de faire,	s'il y a difficulté.
Désirer faire,	s'il n'y a pas d'obstacle.
Ils disputent ensemble,	et non, Ils se disputent.
Ils se disputent	quelque chose.
Entendre raillerie,	la bien prendre
Entendre la raillerie,	savoir la faire.
Eviter (fuir),	ne peut remplacer épargner.
Il s'est enfui,	et non : Il s'en est enfui.
Imiter l'exemple,	est un pléonasme.
Imposer,	inspirer du respect.
En imposer,	mentir.
Infecter,	par la mauvaise odeur et par le poison.

5*

Infester,	corrompre, détruire, ravager.
Insulter	quelqu'un.
Insulter à	son malheur.
Invectiver (neutre)	contre quelqu'un.
Obéir (neutre),	s'emploie cependant sous la forme passive.
Observer	quelqu'un ou quelque chose.
Faire observer	à quelqu'un que….
Pardonner	quelque chose
Pardonner	à quelqu'un.
Promettre,	ne doit pas remplacer assurer.
Ce qui plaît,	ce qui est agréable.
Ce qu'il plaît,	ce que l'on veut.
Satisfaire quelqu'un,	le contenter.
Satisfaire à,	s'acquitter d'un devoir envers…
Se plaindre de ce que,	suppose la plainte juste.
Se plaindre que,	suppose la plainte injuste.
Se rappeler	quelque chose.
Se rappeler de,	avec un infinitif seulement.
Suppléer quelque chose,	le compléter.
Suppléer à quelque chose,	le remplacer.
Réunir	le courage et la douceur.
Unir	le courage à la force.
Réunir (fondre ensemble)	une province à l'empire.
Saigner au nez,	avoir une hémorragie nasale.
Saigner du nez,	reculer par faiblesse de caractère.
Il suit de là,	et non : Il s'en suit de là.
User quelque chose,	le détruire peu à peu.
User de quelque chose,	s'en servir.
Elle a l'air doux,	elle a l'extérieur doux.
Elle a l'air douce,	elle paraît être vraiment douce.

LOCUTIONS VICIEUSES

ASSEZ FRÉQUEMMENT EMPLOYÉES.

Ne dites pas :	*Dites :*
On ne me voit pas à rien faire.	Sans rien faire.
A nos âges on n'étudie plus.	A notre âge.
Allumez la lumière.	Allumez la chandelle, la bougie.
Apparution.	Apparition.
Aussitôt son arrivée.	Aussitôt après son arrivée.
Je me suis en allé.	Je m'en suis allé (1).
Bâiller aux corneilles.	Bayer aux corneilles.
Il brouillasse.	Il bruine.
Le vin est fait pour boire.	Le vin est fait pour être bu.
Casuel (ce vase est).	Fragile, cassant.
Colidor.	Corridor.
En cas que.	Au cas que.
Des cercifis.	Des salsifis.
Comme de juste.	Comme de raison.
Corporence.	Corpulence.
Il ne décesse de parler.	Il ne cesse de parler.
Dernier à Dieu.	Denier à Dieu.
Disparution.	Disparition.
Désagrafer.	Dégrafer.
Danger éminent.	Danger imminent.
En outre de cela.	Outre cela, ou, en outre.
Erésipèle.	Erysipèle.
J'ai la fringalle.	J'ai la faim-valle.
Laveuse de lessive.	Une lavandière.
Levier de cuisine.	Un évier.
Linceuil.	Linceul.
Linteaux (serviette à).	Liteaux.
Matéraux.	Matériaux.
Midi, minuit précise.	Midi précis, vers le midi.
Comme mars en carême.	Comme marée en carême.
Pantomine.	Pantomime.
Passagère (rue).	Passante, fréquentée.
Pire (tant).	Pis (tant).
Rancuneur, rancuneuse.	Rancunier, rancunière.
Remouler un couteau.	Emoudre un couteau.
Rose mousseuse.	Rose moussue.
Cet enfant est renforci.	Cet enfant s'est renforcé.
Sans dessus dessous.	Sens dessus dessous.
Semouille.	Semoule.
Tête d'oreiller.	Taie d'oreiller.
Trémontade (il a perdu la).	Trémontane (il a perdu la).
Vessicatoire.	Vésicatoire.
Plante venimeuse.	Plante vénéneuse.
Animal vénéneux.	Animal venimeux.

(1) *En* doit toujours précéder le verbe personnel.

CRI DES ANIMAUX.

L'abeille bourdonne.
L'aigle, l'agamie trompette
L'alouette grisolle, tirelire.
L'âne brait.
L'âne sauvage brame.
La belette belotte.
Le bélier blattère.
Le bœuf beugle, mugit.
Le bourdon bourdonne.
Le bouc mouette.
La brebis bêle.
Le buffle souffle, beugle.
Le butor bouffle.
La caille carcaille, margotte.
Le canard nasille.
Le cerf brame.
Le chat miaule.
Le chat sauvage miaule.
La chauve-souris grince.
Le cheval hennit.
Le chien aboie.
Les p. chiens glapissent, jappent.
La chouette hue.
La cigale craquette, frissonne.
La cigogne claquette, craquette.
Le cochon grogne.
La colombe gémit.
Le coq coqueline.
Le corbeau croasse.
Le crapaud coasse.
Le crocodile lamente.
Le courlis siffle.
Le dindon glougloute.
L'éléphant barète, baronne.
L'épervier glapit, piaille.
L'étourneau pisote.
Le faon râle.
La fauvette fredonne.
Le geai cajole.
La grenouille coasse.
Le grillon grésillonne.
La grive gringotte.
La grue craque, gruine.

Le guêpier gazouille.
Le hanneton bourdonne.
Le hibou hue.
L'hirondelle gazouille.
La huppe pupule.
Le lapin glapit.
Le léopard miaule.
La linotte gazouille.
Le lion rugit.
Le loriot siffle.
Le loup hurle.
Le mangous coasse.
Le merle siffle.
La mésange titinne.
Le milan huit.
Le moineau pépie.
La mouche bourdonne.
Le mouton bêle.
L'oie siffle.
L'once frémit.
L'orfraie hurle.
L'ours gromelle.
Le paon braille, criaille.
La perdrix cacabe.
Le perroquet cause.
La pie jacasse, jasarde.
Le pigeon roucoule.
Le pinson frigotte.
La poule glousse.
Les petits poulets piaulent.
Le ramier gémit.
Le rat ravit.
Le renard glapit.
Le roitelet gazouille.
Le rossignol gringotte.
Le sanglier nasille, gromelle.
Le serpent siffle.
La souris chicotte.
Le taureau mugit.
Le tigre rauque, rognonne.
La tourterelle gémit.
La truie grogne.
La vache mugit.

PARTIES DES ANIMAUX.

On dit :

PIEDS   pour l'homme et pour les animaux dont
             le pied est revêtu de corne ; et pour les
             grands oiseaux : *Pied de bœuf, de che-*
             val, de mouton, de cigogne, d'autruche,
             d'aigle.
PATTE   pour tous les autres.
BOUCHE   pour l'homme et les animaux herbivores :
             Le chameau, le bœuf, l'âne, le mouton, etc.
BEC   pour les volatiles.
GUEULE   pour tous les autres.

En parlant de la réunion de la gueule et du nez :

LE GROUIN   *d'un cochon.*
LE MUSEAU   *d'un chien, d'une belette, d'une grenouille.*
LE MUFLE   *d'un taureau, d'un cerf, d'une brebis* et
             de quelques bêtes féroces, comme *le*
             lion, le tigre, le léopard.

On nomme :

DÉFENSES,   deux grosses dents crochues qui sortent
             de la gueule du *sanglier.*
HURE,   la tête du *sanglier,* ainsi que celle du *loup,*
             du *brochet,* etc.
BOIS,   les cornes que le *cerf* porte au-devant de
             sa tête et qui tombent tous les ans.

FIN.

RHEIMS, IMPRIMERIE DE E. LUTON, PLACE ROYALE, N° 1.

TABLE DES MATIÈRES.

TEXTE.

TABLEAUX.

RECTIFICATIONS.

Page 10 , 4me ligne , lisez : Et DES TEMPS du verbe *être*.

Page 10 , note , 2me ligne , lisez : Elle sert à EMPÉCHER DE confondre.

Page 88 , lisez : Des verbes unipersonnels , IL EN EST QUI se conjuguent , etc.